OEUVRES COMPLÈTES

DE M. LE VICOMTE

DE CHATEAUBRIAND.

TOME XXIV.

DE L'IMPRIMERIE DE CRAPELET,
RUE DE VAUGIRARD, N° 9.

OEUVRES COMPLÈTES

DE M. LE VICOMTE

DE CHATEAUBRIAND,

MEMBRE DE L'ACADÉMIE FRANÇOISE.

TOME VINGT-QUATRIÈME.

POÉSIES.

PARIS.
POURRAT FRÈRES, ÉDITEURS.

M. DCCC. XXXVI.

POÉSIES DIVERSES.

Fac simile.
(Lettre de M.^r le Vicomte de Chateaubriand à M. D........)

Paris le 17 juin 1824

J'ai trop tardé, Monsieur, à vous remercier de votre obligeante lettre du 1er de ce mois; mon excuse est dans les occupations nombreuses dont je suis accablé dans ce moment. Je suis désolé, Monsieur, que vous ayez été atteint par l'influence de ma mauvaise fortune, d'autant plus que cette fortune quand elle s'avise, par hazard, de changer pour moi, revient vite à son naturel.

Recevez de nouveau, je vous prie, Monsieur, mes remerciments les plus sincères, et l'assurance de la considération très distinguée que j'ai l'honneur de vous offrir.

Chateaubriand

Note: Le combat de Jodar, fut un des beaux faits d'armes de la Guerre d'Espagne en 1823. La première colonne d'expédition, commandée par un Chateaubriand, ne laissa aux deux Divisions envoyées pour soutenir son engagement, que le regret d'être arrivées trop tard et son jeune chef aurait pu dire comme Duguesclin : « Qu'on me donne à commander mes bandes de l'Armorique, je réponds de la victoire. »

M. le V.te de Chateaubriand, à l'anniversaire du combat de Jodar, n'était plus dans le Conseil; on ne lui tenait nul compte d'avoir, dans l'intérêt des trônes, déterminé l'expédition de la Péninsule.

Alors, un ancien Officier dévoué aux Bourbons, prit sur lui de dire au Roi « que cette disgrâce faisait rougir la royauté et que la France en portait le deuil. » On lui eût peut-être pardonné d'avoir dit au Roi cette vérité, on ne lui pardonna pas d'avoir osé l'imprimer; et quelques jours après il fut enveloppé dans la mauvaise fortune de cour de l'illustre écrivain. La lettre ci-contre fut écrite par M. de Chateaubriand à cette occasion.

PRÉFACE.

Dans l'Avertissement placé à la tête du premier volume des OEuvres complètes (édition de 1829), j'ai dit : « J'ai long-temps fait des vers avant de des-
« cendre à la prose. Ce n'étoit qu'avec regret que
« M. de Fontanes m'avoit vu renoncer aux Muses:

« moi-même je ne les ai quittées que pour exprimer
« plus rapidement des vérités que je croyois utiles. »

Dans la Préface des ouvrages politiques, j'ai dit:
« Les Muses furent l'objet du culte de ma jeunesse;
« ensuite je continuai d'écrire en prose avec un
« penchant égal sur des sujets d'imagination, d'his-
« toire, de politique, et même de finances. Mon
« premier ouvrage, l'*Essai historique,* est un long
« traité d'histoire et de politique. Dans le *Génie*
« *du Christianisme,* la politique se retrouve par-
« tout, et je n'ai pu me défendre de l'introduire
« jusque dans l'*Itinéraire* et dans les *Martyrs.* Mais
« par l'impossibilité où sont les hommes d'accor-
« der deux aptitudes à un même esprit, on ne
« voulut sortir pour moi du préjugé commun qu'à
« l'apparition de la *Monarchie selon la Charte.* »

Vous avez fait beaucoup de vers, me dira-t-on:
soit; mais sont-ils bons? voilà toute la question
pour le public.

Je sais fort bien que ce n'est pas à moi, mais au
public à trancher cette question. Je ne pourrois
appuyer mes espérances que sur une autorité grave

PRÉFACE.

à la vérité, mais peut-être fascinée par les illusions de l'amitié. Je vais présenter quelques observations dont je ne prétends faire aucune application à ma personne : je le dis avec sincérité, et j'espère qu'on le croira.

Les grands poëtes ont été souvent de grands écrivains en prose ; qui peut le plus peut le moins : mais les bons écrivains en prose ont été presque toujours de méchants poëtes. La difficulté est de déterminer, lorsqu'on écrit aussi facilement en prose qu'en vers, et en vers qu'en prose, si la nature vous avoit fait poëte d'abord et prosateur ensuite, ou prosateur en premier lieu et poëte après.

Si vous avez écrit plus de vers que de prose, ou plus de prose que de vers, on vous range dans la catégorie des écrivains en vers ou en prose, d'après le nombre et le succès de vos ouvrages.

Si l'un des deux talents domine chez vous, vous êtes vite classé.

Si les deux talents sont à peu près sur la même ligne, à l'instant on vous en refuse un, par *cette impossibilité où sont les hommes d'accorder deux aptitudes à un même esprit,* comme je l'ai déjà remarqué. On vous loue même excessivement de ce que vous avez, pour déprécier ce que vous avez encore, mais ce qu'on ne veut pas reconnoître; on vous élève aux nues, pour vous rabaisser au-dessous de tout. L'envie est fort embarrassée, car elle se voit obligée d'accroître votre gloire pour la détruire, et si le résultat lui fait plaisir, le moyen lui fait peine.

Répétez, par exemple, jusqu'à satiété que presque tous les grands talents politiques et militaires de la Grèce, de l'Italie ancienne, de l'Italie moderne, de l'Allemagne, de l'Angleterre, ont été aussi de grands talents littéraires, vous ne parviendrez jamais à convaincre de cette vérité de fait la partie médiocre et envieuse de notre société. Ce préjugé barbare qui sépare les talents n'existe qu'en France, où l'amour-propre est inquiet, où chacun croit perdre ce que son voisin possède; où enfin on avoit divisé les facultés de l'esprit comme les classes des citoyens. Nous avions nos trois ordres intellectuels, le génie politique, le génie militaire, le génie littéraire, comme nous avions nos trois ordres politiques, le clergé, la noblesse et le tiers-état : mais dans la constitution des trois ordres intellectuels, *il étoit de principe* qu'ils ne pouvoient jamais se trouver réunis dans la même chambre, c'est-à-dire dans la même tête.

Le gouvernement public dont nous jouissons maintenant fera disparoître peu à peu ces notions dignes des Velches. Il étoit tout simple que dans une monarchie militaire où l'on n'avoit besoin ni de l'étude politique, ni de l'éloquence de la tribune, les lettres parussent un amusement de cabinet ou une occupation de collége. Force sera aujourd'hui de reconnoître que le consul Cicéron étoit non seulement un grand orateur, mais encore un grand écrivain, comme César étoit un grand historien et un grand poëte.

De ces considérations (que, pour le dire encore une fois, je présente dans un intérêt général, nullement dans celui de ma vanité), je passe à l'*historique* de mes poésies.

Si j'avois voulu tout imprimer, le public n'en

auroit pas été quitte à moins de deux ou trois gros volumes. Je faisois des vers au collége, et j'ai continué d'en faire jusqu'à ce jour : *je me suis gardé de les montrer aux gens.* Les Muses ont été pour moi des divinités de famille, des Lares que je n'adorois qu'à mes foyers.

Les poésies, en très petit nombre, que je me suis déterminé à conserver, sont divisées en deux classes, savoir : les poésies échappées à ma première jeunesse, et celles que j'ai composées aux différentes époques de ma vie. J'en ai marqué les dates autant que possible, afin qu'on pût suivre dans mes vers, comme on a suivi dans ma prose, l'ordre chronologique des idées, et le développement graduel de l'art.

Tous mes premiers vers, sans exception, sont inspirés par l'amour des champs ; ils forment une suite de petites idylles sans *moutons,* et où l'on trouve à peine un *berger.* J'ai compris les vers de 1784 à 1790 sous ce titre : *Tableaux de la Nature.* Je n'ai rien ou presque rien changé à ces vers : composés à une époque où Dorat avoit gâté le goût

PRÉFACE.

des jeunes poëtes, ils n'ont rien de maniéré, quoique la langue y soit quelquefois fortement invertie; ils sont d'ailleurs coupés avec une liberté de césure que l'on ne se permettoit guère alors. Les rimes sont soignées, les mètres variés, quoique disposés à se former en dix syllabes. On retrouve dans ces essais de ma Muse des descriptions que j'ai transportées depuis dans ma prose.

C'est dans ces idylles d'une espèce nouvelle que le lecteur rencontrera les premières lignes qui aient jamais été imprimées de moi. Le neuvième tableau fut inséré dans l'*Almanach des Muses* de 1790; il y figure à la page 205 sous ce titre, que je lui ai conservé : *l'Amour de la campagne*, par le chevalier de C***. On en parla dans la société de Ginguené, de Lebrun, de Chamfort, de Parny, de Flins, de La Harpe et de Fontanes, avec lesquels j'avois des liaisons plus ou moins étroites. Je prenois mal mon temps pour faire *ma veille des armes* dans l'*Almanach des Muses;* on étoit déjà en pleine révolution, et ce n'étoit plus avec des quatrains qu'on pouvoit aller à la renommée.

Voici ce que je lis dans les Mémoires inédits de ma vie, au sujet de mon début dans la carrière littéraire. Après avoir fait le tableau des diverses sociétés de Paris à cette époque et le portrait des principaux acteurs, je dis :

« On me demandera : Et l'histoire de votre pré-
« sentation, que devint-elle? — Elle resta là. —
« Vous ne chassâtes donc plus avec le Roi après
« avoir monté dans les carrosses? — Pas plus qu'avec
« l'empereur de la Chine. — Vous ne retournâtes
« donc plus à la cour? — J'allai deux fois jusqu'à
« Sèvres, et revins à Paris. — Vous ne tirâtes donc
« aucun parti de votre position et de celle de votre
« frère? — Aucun. — Que faisiez-vous donc? —
« Je m'ennuyois. — Ainsi vous ne vous sentiez au-
« cune ambition? — Si fait : à force d'intrigues et
« de soucis, je parvins, par la protection de Delisle
« de Sales, à la gloire de faire insérer dans l'*Alma-
« nach des Muses* une idylle (*l'Amour de la cam-
« pagne*) dont l'apparition me pensa faire mourir
« de crainte et d'espérance. »

Au retour de l'émigration, mon ami M. de Fontanes, qui connoissoit mes secrets poétiques, m'engagea à laisser insérer dans le *Mercure* les vers intitulés *la Forêt*. Tandis que j'étois à Londres, M. Peltier avoit publié dans son journal mon imitation de l'élégie de Gray sur un *Cimetière de Campagne*. Cette imitation a été réimprimée, en 1828, dans les *Annales romantiques*. Les autres pièces ont été publiées pour la première fois, en 1828, dans l'édition de mes OEuvres complètes.

TABLEAUX
DE LA NATURE,

DE 1784 A 1790.

PREMIER TABLEAU.

INVOCATION.

Je voudrois célébrer dans des vers ingénus
Les plantes, leurs amours, leurs penchants
inconnus,
L'humble mousse attachée aux voûtes des fontaines,
L'herbe qui d'un tapis couvre les vertes plaines,
Sur ces monts exaltés le cèdre précieux
Qui parfume les airs, et s'approche des cieux

INVOCATION.

Pour offrir son encens au Dieu de la nature,
Le roseau qui frémit au bord d'une onde pure,
Le tremble au doux parler, dont le feuillage frais
Remplit de bruits légers les antiques forêts,
Et le pin qui, croissant sur des grèves sauvages,
Semble l'écho plaintif des mers et des orages :
L'innocente nature et ses tableaux touchants,
Ainsi qu'à mon amour auront part à mes chants.

SECOND TABLEAU.

LA FORÊT.

ORÊT silencieuse, aimable solitude,
Que j'aime à parcourir votre ombrage
ignoré !
Dans vos sombres détours, en rêvant égaré,
J'éprouve un sentiment libre d'inquiétude !
Prestige de mon cœur ! je crois voir s'exhaler
Des arbres, des gazons, une douce tristesse :
Cette onde que j'entends murmure avec mollesse,

Et dans le fond des bois semble encor m'appeler.
Oh! que ne puis-je, heureux, passer ma vie entière
Ici, loin des humains! — Au bruit de ces ruisseaux,
Sur un tapis de fleurs, sur l'herbe printanière,
Qu'ignoré je sommeille à l'ombre des ormeaux !
Tout parle, tout me plaît sous ces voûtes tranquilles :
Ces genêts, ornements d'un sauvage réduit,
Ce chèvrefeuille atteint d'un vent léger qui fuit,
Balancent tour à tour leurs guirlandes mobiles.
Forêts, dans vos abris gardez mes vœux offerts !
A quel amant jamais serez-vous aussi chères?
D'autres vous rediront des amours étrangères;
Moi, de vos charmes seuls j'entretiens vos déserts [1].

[1] Vers imprimés dans le *Mercure*. Voyez la Préface.

TROISIÈME TABLEAU.

LE SOIR, AU BORD DE LA MER.

Es bois épais, les sirtes mornes, nues,
Mêlent leurs bords dans les ombres
chenues.
En scintillant dans le zénith d'azur,
On voit percer l'étoile solitaire ;
A l'occident, séparé de la terre,
L'écueil blanchit sous un horizon pur,
Tandis qu'au nord, sur les mers cristallines,

Flotte la nue en vapeurs purpurines.
D'un carmin vif les monts sont dessinés;
Du vent du soir se meurt la voix plaintive;
Et, mollement l'un à l'autre enchaînés,
Les flots calmés expirent sur la rive.

Tout est grandeur, pompe, mystère, amour :
Et la nature, aux derniers feux du jour,
Avec ses monts, ses forêts magnifiques,
Son plan sublime et son ordre éternel,
S'élève ainsi qu'un temple solennel,
Resplendissant de ses beautés antiques.
Le sanctuaire où le Dieu s'introduit
Semble voilé par une sainte nuit;
Mais dans les airs la coupole hardie,
Des arts divins, gracieuse harmonie,
Offre un contour peint des fraîches couleurs
De l'arc-en-ciel, de l'aurore et des fleurs.

QUATRIÈME TABLEAU.

LE SOIR, DANS UNE VALLÉE.

ÉJA le soir de sa vapeur bleuâtre
Enveloppoit les champs silencieux ;
Par le nuage étoient voilés les cieux :
Je m'avançois vers la pierre grisâtre.

Du haut d'un mont une onde, rugissant,
S'élançoit : sous de larges sycomores,

Dans ce désert d'un calme menaçant,
Rouloient les flots agités et sonores.
Le noir torrent, redoublant de vigueur,
Entroit fougueux dans la forêt obscure
De ces sapins, au port plein de langueur,
Qui, négligés comme dans la douleur,
Laissent tomber leur longue chevelure,
De branche en branche errant à l'aventure.
Se regardant dans un silence affreux,
Des rochers nus s'élevoient, ténébreux;
Leur front aride et leurs cimes sauvages
Voyoient glisser et fumer les nuages :
Leurs longs sommets, en prisme partagés,
Étoient des eaux et des mousses rongés.
Des liserons, d'humides capillaires,
Couvroient les flancs de ces monts solitaires;
Plus tristement des lierres encor
Se suspendoient aux rocs inaccessibles;
Et contrasté, teint de couleurs paisibles,
Le jonc couvert de ses papillons d'or,
Rioit au vent sur des sites terribles.

Mais tout s'efface; et surpris de la nuit,
Couché parmi des bruyères laineuses,

Sur le courant des ondes orageuses
Je vais pencher mon front chargé d'ennui.

CINQUIÈME TABLEAU.

NUIT DE PRINTEMPS.

Le ciel est pur, la lune est sans nuage :
Déjà la nuit au calice des fleurs
Verse la perle et l'ambre de ses pleurs ;
Aucun zéphyr n'agite le feuillage.
Sous un berceau, tranquillement assis,
Où le lilas flotte et pend sur ma tête,
Je sens couler mes pensers rafraîchis
Dans les parfums que la nature apprête.

Des bois dont l'ombre, en ces prés blanchissants,
Avec lenteur se dessine et repose,
Deux rossignols, jaloux de leurs accents,
Vont tour à tour réveiller le printemps
Qui sommeilloit sous ces touffes de rose.
Mélodieux, solitaire Ségrais,
Jusqu'à mon cœur vous portez votre paix !
Des prés aussi traversant le silence,
J'entends au loin, vers ce riant séjour,
La voix du chien qui gronde et veille autour
De l'humble toit qu'habite l'innocence.
Mais quoi! déjà, belle nuit, je te perds !
Parmi les cieux à l'aurore entr'ouverts,
Phébé n'a plus que des clartés mourantes,
Et le zéphyr, en rasant le verger,
De l'orient, avec un bruit léger,
Se vient poser sur ces tiges tremblantes.

SIXIÈME TABLEAU.

NUIT D'AUTOMNE.

 Ais des nuits d'automne
Goûtons les douceurs ;
Qu'aux aimables fleurs
Succède Pomone.
Le pâle couchant
Brille encore à peine ;
De Vénus, qu'il mène,
L'astre va penchant ;

NUIT D'AUTOMNE.

La lune, emportée
Vers d'autres climats,
Ne montrera pas
Sa face argentée.
De ces peupliers,
Au bord des sentiers,
Les zéphyrs descendent,
Dans les airs s'étendent,
Effleurent les eaux,
Et de ces ormeaux
Raniment la sève :
Comme une vapeur,
La douce fraîcheur
De ces bois s'élève.
Sous ces arbres verts,
Qu'un vent frais balance,
J'entends en silence
Leurs légers concerts :
Mollement bercée,
La voûte pressée
En dôme orgueilleux
Serre son ombrage,
Et puis s'entr'ouvrant,
Du ciel lentement

NUIT D'AUTOMNE.

Découvre l'image.
Là, des nuits l'azur
Dans un cristal pur
Déroule ses voiles,
Et le flot brillant
Coule en sommeillant
Sur un lit d'étoiles.

Oh! charme nouveau!
Le son du pipeau
Dans l'air se déploie,
Et du fond des bois
M'apporte à la fois
L'amour et la joie.
Près des ruisseaux clairs,
Au chaume d'Adèle
Le pasteur fidèle
Module ses airs.
Tantôt il soupire ;
Tantôt il désire ;
Se tait : tour à tour
Sa simple cadence
Me peint son amour
Et son innocence.

NUIT D'AUTOMNE.

Dans son lit, heureux
La pauvre attentive
Écoute, pensive,
Ces sons dangereux :
Le drap qui la couvre
Loin d'elle a roulé,
Et son œil troublé
Mollement s'entr'ouvre.
Tout entière au bruit
Qui, pendant la nuit,
La charme et l'accuse,
Adèle au vainqueur
Son aveu refuse,
Et donne son cœur.

SEPTIÈME TABLEAU.

LE PRINTEMPS, L'ÉTÉ ET L'HIVER.

ALLÉE au nord, onduleuse prairie,
Déserts charmants, mon cœur formé
pour vous,
Toujours vous cherche en sa mélancolie.
A ton aspect, solitude chérie,
Je ne sais quoi de profond et de doux
Vient s'emparer de mon âme attendrie.
Si l'on savoit le calme qu'un ruisseau

En tous mes sens porte avec son murmure,
Ce calme heureux que j'ai, sur la verdure,
Goûté cent fois seul au pied d'un coteau,
Les froids amants du froid séjour des villes
Rechercheroient ces voluptés faciles.

Si le printemps les champs vient émailler,
Dans un coin frais de ce vallon paisible,
Je lis assis sous le rameux noyer,
Au rude tronc, au feuillage flexible.
Du rossignol le suave soupir
Enchaîne alors mon oreille captive,
Et dans un songe au-dessus du plaisir,
Laisse flotter mon ame fugitive.
Au fond d'un bois quand l'été va durant,
Est-il une onde aimable et sinueuse
Qui, dans son cours, lente et voluptueuse,
A chaque fleur s'arrête en soupirant?
Cent fois au bord de cette onde infidèle
J'irai dormir sous le coudre odorant,
Et disputer de paresse avec elle.

Sous le saule nourri de ta fraîcheur amie,
 Fleuve témoin de mes soupirs,

LE PRINTEMPS, L'ÉTÉ ET L'HIVER.

Dans ces prés émaillés, au doux bruit des zéphirs,
Ton passage offre ici l'image de la vie.
En des vallons déserts, au sortir de ces fleurs,
    Tu conduis tes ondes errantes ;
      Ainsi nos heures inconstantes
      Passent des plaisirs aux douleurs.

Mais si voluptueux, du moins dans notre course,
    Du printemps nous savons jouir,
Nos jours plus doucement s'éloignent de leur source,
Emportant avec eux un tendre souvenir :
Ainsi tu vas moins triste au rocher solitaire,
    Vers ces bois où tu fuis toujours,
      Si de ces prés ton heureux cours
      Entraîne quelque fleur légère.

  De mon esprit ainsi l'enchantement
  Naît et s'accroît pendant tout un feuillage.
  L'aquilon vient, et l'on voit tristement
  L'arbre isolé sur le coteau sauvage,
  Se balancer au milieu de l'orage.
  De blancs oiseaux en troupes partagés
  Quittent les bords de l'Océan antique :
  Tous, en silence à la file rangés,
  Fendent l'azur d'un ciel mélancolique.

J'erre aux forêts où pendent les frimas :
Interrompu par le bruit de la feuille
Que lentement je traîne sous mes pas,
Dans ses pensers mon esprit se recueille.

Qui le croiroit? plaisirs solacieux,
Je vous retrouve en ce grand deuil des cieux :
L'habit de veuve embellit la nature.
Il est un charme à des bois sans parure :
Ces prés riants entourés d'aulnes verts,
Où l'onde molle énerve la pensée,
Où sur les fleurs l'âme rêve bercée
Aux doux accords du feuillage et des airs ;
Ces prés riants que l'aquilon moissonne,
Plaisent aux cœurs. Vers la terre courbés
Nous imitons, ou flétris ou tombés,
L'herbe en hiver et la feuille en automne.

HUITIÈME TABLEAU.

LA MER.

ES vastes mers tableau philosophique,
Tu plais au cœur de chagrins agité :
Quand de ton sein par les vents tour-
    menté,
Quand des écueils et des grèves antiques
Sortent des bruits, des voix mélancoliques,
L'âme attendrie en ses rêves se perd,
Et, s'égarant de penser en penser
Comme les flots de murmure en murmure,
Elle se mêle à toute la nature :

Avec les vents, dans le fond des déserts,
Elle gémit le long des bois sauvages,
Sur l'Océan vole avec les orages,
Gronde en la foudre, et tonne dans les mers.

Mais quand le jour sur les vagues tremblantes
S'en va mourir; quand, souriant encor,
Le vieux soleil glace de pourpre et d'or
Le vert changeant des mers étincelantes,
Dans des lointains fuyants et veloutés
En enfonçant ma pensée et ma vue,
J'aime à créer des mondes enchantés,
Baignés des eaux d'une mer inconnue.
L'ardent désir, des obstacles vainqueur,
Trouve, embellit des rives bocagères,
Des lieux de paix, des îles de bonheur,
Où, transporté par les douces chimères,
Je m'abandonne aux songes de mon cœur.

NEUVIÈME TABLEAU.

L'AMOUR DE LA CAMPAGNE.

Que de ces prés l'émail plaît à mon cœur !
Que de ces bois l'ombrage m'intéresse !
Quand je quittai cette onde enchan-
   teresse,
L'hiver régnoit dans toute sa fureur.

Et cependant mes yeux demandoient ce rivage ;
Et cependant d'ennuis, de chagrins dévoré,

Au milieu des palais, d'hommes froids entouré,
Je regrettois partout mes amis du village.
Mais le printemps me rend mes champs et mes beaux jours.
Vous m'allez voir encore, ô verdoyantes plaines !
Assis nonchalamment auprès de vos fontaines,
Un Tibulle à la main, me nourrissant d'amours.
Fleuve de ces vallons, là, suivant tes détours,
J'irai seul et content gravir ce mont paisible ;
Souvent tu me verras, inquiet et sensible,
Arrêté sur tes bords en regardant ton cours.

J'y veux terminer ma carrière ;
Rentré dans la nuit des tombeaux,
Mon ombre, encor tranquille et solitaire,
Dans les forêts cherchera le repos.

Au séjour des grandeurs mon nom mourra sans gloire ;
Mais il vivra long-temps sous les toits de roseaux ;
Mais d'âge en âge, en gardant leurs troupeaux,
Des bergers attendris feront ma courte histoire :

« Notre ami, diront-ils, naquit sous ce berceau ;
« Il commença sa vie à l'ombre de ces chênes ;

« Il la passa couché près de cette eau,
« Et sous les fleurs sa tombe est dans ces plaines¹. »

¹ Vers imprimés dans l'*Almanach des Muses*, année 1790, p. 205. *Voyez* la Préface.

DIXIÈME ET DERNIER TABLEAU.

LES ADIEUX.

Le temps m'appelle : il faut finir ces vers.
A ce penser défaillit mon courage.
Je vous salue, ô vallons que je perds !
Écoutez-moi : c'est mon dernier hommage.
Loin, loin d'ici, sur la terre égaré,
Je vais traîner une importune vie ;
Mais quelque part que j'habite ignoré,
Ne craignez point qu'un ami vous oublie.
Oui, j'aimerai ce rivage enchanteur,
Ces monts déserts qui remplissoient mon cœur

Et de silence et de mélancolie ;
Surtout ces bois chers à ma rêverie,
Où je voyois, de buisson en buisson,
Voler sans bruit un couple solitaire,
Dont j'entendois, sous l'orme héréditaire,
Seul, attendri, la dernière chanson.
Simples oiseaux, retiendrez-vous la mienne ?
Parmi ces bois, ah ! qu'il vous en souvienne !
En te quittant je chante tes attraits,
Bord adoré ! De ton maître fidèle
Si les talents égaloient les regrets,
Ces derniers vers n'auroient point de modèle.
Mais aux pinceaux de la nature épris,
La gloire échappe et n'en est point le prix.
Ma Muse est simple, et rougissante et nue ;
Je dois mourir ainsi que l'humble fleur
Qui passe à l'ombre, et seulement connue
De ces ruisseaux qui faisoient son bonheur.

DES TABLEAUX DE LA NATURE.

LES TOMBEAUX CHAMPÊTRES.

ÉLÉGIE IMITÉE DE GRAY.[1]

Londres, 1796.

Dans les airs frémissants j'entends le long murmure
De la cloche du soir qui tinte avec lenteur,
Les troupeaux en bêlant errent sur la verdure ;
Le berger se retire et livre la nature
A la nuit solitaire, à mon penser rêveur.

[1] Cette imitation a été imprimée à Londres, dans le journal de Peltier. *Voyez* la Préface.

Dans l'orient d'azur l'astre des nuits s'avance,
Et tout l'air se remplit d'un calme solennel.
Du vieux temple verdi sous ce lierre immortel,
L'oiseau de la nuit seul trouble le grand silence.
On n'entend que le bruit de l'insecte incertain,
Et quelquefois encore, au travers de ces hêtres,
Les sons interrompus des sonnettes champêtres
Du troupeau qui s'endort sur le coteau lointain.

Dans ce champ où l'on voit l'herbe mélancolique
Flotter sur les sillons que forment ces tombeaux,
Les rustiques aïeux de nos humbles hameaux
Au bruit du vent des nuits dorment sous l'if antique.
De la jeune Progné le ramage confus,
Du zéphyr, au matin, la voix fraîche et céleste,
Les chants perçants du coq ne réveilleront plus
Ces bergers endormis sous cette couche agreste.
Près de l'âtre brûlant une épouse modeste
N'apprête plus pour eux le champêtre repas;
Jamais à leur retour ils ne verront, hélas!
D'enfants au doux parler une troupe légère,
Entourant leurs genoux et retardant leurs pas,
Se disputer l'amour et les baisers d'un père.

Souvent, ô laboureurs! Cérès mûrit pour vous
Les flottantes moissons dans les champs qu'elle dore;
Souvent avec fracas tombèrent sous vos coups
Les pins retentissants dans la forêt sonore.
En vain l'ambition, qu'enivrent ses désirs,
Méprise et vos travaux et vos simples loisirs :
Eh! que sont les honneurs? l'enfant de la victoire,
Le paisible mortel qui conduit un troupeau,
Meurent également; et les pas de la gloire,
Comme ceux du plaisir, ne mènent qu'au tombeau.
Qu'importe que pour nous de vains panégyriques,
D'une voix infidèle aient enflé les accents?
Les bustes animés, les pompeux monuments,
Font-ils parler des morts les muettes reliques?

Jetés loin des hasards qui forment la vertu,
Glacés par l'indigence aux jours qu'ils ont vécu,
Peut-être ici la mort enchaîne en son empire
De rustiques Newtons de la terre ignorés,
D'illustres inconnus dont les talents sacrés
Eussent charmé les dieux sur le luth qui respire :
Ainsi brille la perle au fond des vastes mers;
Ainsi meurent aux champs des roses passagères

Qu'on ne voit point rougir, et qui, loin des bergères,
D'inutiles parfums embaument les déserts.

Là, dorment dans l'oubli des poëtes sans gloire,
Des orateurs sans voix, des héros sans victoire :
Que dis-je ! des Titus faits pour être adorés.
Mais si le sort voila tant de vertus sublimes,
Sous ces arbres en deuil combien aussi de crimes
Le silence et la mort n'ont-ils point dévorés !
Loin d'un monde trompeur, ces bergers sans envie,
Emportant avec eux leurs tranquilles vertus,
Sur le fleuve du temps passagers inconnus,
Traversèrent sans bruit les déserts de la vie.
Une pierre, aux passants demandant un soupir,
Du naufrage des ans a sauvé leur mémoire ;
Une musé ignorante y grava leur histoire
Et le texte sacré qui nous aide à mourir.
En fuyant pour toujours les champs de la lumière,
Qui ne tourne la tête au bout de la carrière ?
L'homme qui va passer cherche un secours nouveau :
Que la main d'un ami, que ses soins chers et tendres,
Entr'ouvrent doucement la pierre du tombeau !
Le feu de l'amitié vit encor dans nos cendres.

LES TOMBEAUX CHAMPÊTRES.

Pour moi qui célébrai ces tombes sans honneurs,
Si quelque voyageur, attiré sur ces rives
Par l'amour du rêver et le charme des pleurs,
S'informe de mon sort dans ses courses pensives,
Peut-être un vieux pasteur, en gardant ses troupeaux,
Lui fera simplement mon histoire en ces mots :
« Souvent nous l'avons vu, dans sa marche posée,
« Au souris du matin, dans l'orient vermeil,
« Gravir les frais coteaux à travers la rosée,
« Pour admirer au loin le lever du soleil.
« Là-bas, près du ruisseau, sur la mousse légère,
« A l'ombre du tilleul que baigne le courant,
« Immobile il rêvoit, tout le jour demeurant
« Les regards attachés sur l'onde passagère.
« Quelquefois dans les bois il méditoit ses vers
« Au murmure plaintif du feuillage et des airs.
« Un matin nos regards, sous l'arbre centenaire,
« Le cherchèrent en vain au repli du ruisseau ;
« L'aurore reparut, et l'arbre et le coteau,
« Et la bruyère encor, tout étoit solitaire.
« Le jour suivant, hélas ! à la file allongé,
« Un convoi s'avança par le chemin du temple.
« Approche, voyageur ! lis ces vers, et contemple
« Ce triste monument que la mousse a rongé. »

ÉPITAPHE.

Ici dort à l'abri des orages du monde,
Celui qui fut long-temps jouet de leur fureur.
Des forêts il chercha la retraite profonde,
Et la mélancolie habita dans son cœur.
De l'amitié divine il adora les charmes ;
Aux malheureux donna tout ce qu'il eut, des larmes.
Passant, ne porte point un indiscret flambeau
Dans l'abîme où la mort le dérobe à ta vue :
Laisse-le reposer sur la rive inconnue,
    De l'autre côté du tombeau.

A LYDIE.

IMITATION D'ALCÉE, POÈTE GREC.

Londres, 1797.

Lydie, es-tu sincère? excuse mes alarmes :
 Tu t'embellis en accroissant mes feux ;
Et le même moment qui t'apporte des charmes
Ride mon front et blanchit mes cheveux.

Au matin de tes ans, de la foule chérie,
 Tout est pour toi joie, espérance, amour ;

Et moi, vieux voyageur, sur ta route fleurie
   Je marche seul et vois finir le jour.

Ainsi qu'un doux rayon quand ton regard humide
   Pénètre au fond de mon cœur ranimé,
J'ose à peine effleurer d'une lèvre timide
   De ton beau front le voile parfumé.

Tout à la fois honteux et fier de ton caprice,
   Sans croire en toi, je m'en laisse enivrer.
J'adore tes attraits, mais je me rends justice :
   Je sens l'amour, et ne puis l'inspirer.

Par quel enchantement ai-je pu te séduire?
   N'aurois-tu point dans mon dernier soleil
Cherché l'astre de feu qui sur moi sembloit luire
   Quand de Sapho je chantois le réveil?

Je n'ai point le talent qu'on encense au Parnasse.
   Eussé-je un temple au sommet d'Hélicon,
Le talent ne rend point ce que le temps efface ;
   La gloire, hélas! ne rajeunit qu'un nom.

A LYDIE.

Le *Guerrier de Samos*, le *Berger d'Aphélie*[1],
   Mes fils ingrats, m'ont-ils ravi ta foi ?
Ton admiration me blesse et m'humilie :
   Le croirois-tu ? je suis jaloux de moi.

Que m'importe de vivre au-delà de ma vie ?
   Qu'importe un nom par la mort publié ?
Pour moi-même un moment aime-moi, ma Lydie,
   Et que je sois à jamais oublié !

[1] Deux ouvrages d'Alcée.

MILTON ET DAVENANT.

Londres, 1797.

HARLES avoit péri : des bourreaux-
commissaires,
Des lois qu'on appeloit révolutionnaires,
L'exil et l'échafaud, la confiscation....
C'étoit la France enfin sous la Convention.

Dans les nombreux suivants de l'étendard du crime,
L'Angleterre voyoit un homme magnanime :

Milton, le grand Milton (pleurons sur les humains,)
Prodiguoit son génie à de sots puritains ;
Il détestoit surtout, dans son indépendance,
Ce parti malheureux qu'une noble constance
Attachoit à son Roi. Par ce zèle cruel,
Milton s'étoit flétri des honneurs de Cromwell.

Un matin que du sang il avoit appétence,
Des prédicants-soldats traînent en sa présence
Un homme jeune encor, mais dont le front pâli
Est prématurément par le chagrin vieilli,
Un royaliste enfin. Dans le feu qui l'anime,
Milton d'un œil brûlant mesure sa victime,
Qui, loin d'être sensible à ses propres malheurs,
Semble admirer son juge et plaindre ses erreurs.
« Dis-nous quel est ton nom, sycophante d'un maître,
« Vassal au double cœur d'un esclave et d'un traître?
« Réponds-moi. » — « Mon nom est Davenant. » A ce nom
Vous eussiez vu soudain le terrible Milton
Tressaillir, se lever, et, renversant son siége,
Courir au prisonnier que la cohorte assiége.

« Ton nom est Davenant, dis-tu? ce nom chéri !
« Serois-tu ce mortel par les Muses nourri,

MILTON ET DAVENANT.

« Qui, dans les bois sacrés égarant sa jeunesse,
« Enchanta de ses vers les rives du Permesse? »

Davenant repartit : « Il est vrai qu'autrefois
« La lyre d'Aonie a frémi sous mes doigts. »

A ces mots, répandant une larme pieuse,
Oubliant des témoins la présence envieuse,
Milton serre la main du poëte admiré.
Et puis de cette voix, de ce ton inspiré
Qui d'Ève raconta les amours ineffables :
« Tu vivras, peintre heureux des élégantes fables ;
« J'en jure par les arts qui nous avoient unis,
« Avant que d'Albion le sort les eût bannis.
« A des cœurs embrasés d'une flamme si belle,
« Eh! qu'importe d'un Pym la vulgaire querelle?
« La mort frappe au hasard les princes ; les sujets ;
« Mais les beaux vers, voilà ce qui ne meurt jamais,
« Soit qu'on chante le peuple ou le tyran injuste :
« Virgile est immortel en célébrant Auguste !
« Quoi! la loi frapperoit de son glaive irrité
« Un enfant d'Apollon?.... Non, non, postérité !
« Soldats, retirez-vous ; merci de votre zèle.
« Cet homme est sûrement un citoyen fidèle,

« Un grand républicain : je sais de bonne part
« Qu'il s'est fort réjoui de la mort de Stuart. »

— « Non, » crioit Davenant, que ce reproche touche.
Mais Milton, de sa main en lui couvrant la bouche,
Au fond d'un cabinet le pousse tout d'abord,
L'enferme à double tour, puis avec un peu d'or
Éconduit poliment la horde jacobine.

Vers son hôte captif ensuite il s'achemine,
Fait apporter du vin qu'il lui verse à grands flots,
Sème le déjeuner d'agréables propos :
De politique point, mais beaucoup de critiques
Sur l'esprit des Latins et les grâces attiques.
Davenant récita l'idylle du *Ruisseau* ;
Milton lui repartit par le vif *Allegro*,
Du doux *Penseroso* redit le chant si triste,
Et déclama les chœurs du *Samson agoniste*.
Les poëtes, charmés de leurs talents divers,
Se quittèrent enfin, en murmurant leurs vers.

Cependant, fatigué de ses longues misères,
Le peuple soupiroit pour les lois de ses pères :
Il rappela son Roi ; les crimes réfrénés :

Furent par un édit sagement pardonnés.
On excepta pourtant quelques hommes perfides,
Complices et fauteurs des sanglants régicides :
Milton, au premier rang, s'étoit placé parmi.

Dénoncé par sa gloire, au toit d'un vieil ami
Il avoit espéré trouver ombre et silence.
De son sort, une nuit, il pesoit l'inconstance :
D'une lampe empruntée à la tombe des morts,
La lueur pâlissante éclairoit ses remords.
Il entend tout à coup, vers la douzième heure,
Heurter de son logis la porte extérieure ;
Les verrous sont brisés par de nombreux soldats.
La fille de Milton accourt ; on suit ses pas.
Dans l'asile secret un chef se précipite :
Un chapeau de ses yeux venant toucher l'orbite
Voile à demi ses traits ; il a les yeux remplis
De larmes qu'un manteau reçoit dans ses replis.

Milton ne le voit point : privé de la lumière,
La nuit règne à jamais sous sa triste paupière.

« Eh bien ! que me veut-on ? dit le chantre d'Adam.
« Parlez : faut-il mourir ? » — « C'est encor Davenant, »

Répond l'homme au manteau. Milton soudain s'écrie :
« O noire trahison ! moi qui sauvai ta vie ! »

— « Oui, » repart le poëte interdit, rougissant,
« Mais vous êtes coupable, et j'étois innocent.
« Ferme stoïcien, montrez votre courage !
« Mon vieil ami, la mort est le commun partage :
« Ou plus tôt, ou plus tard, le trajet est égal
« Pour tous les voyageurs. Voici l'ordre fatal. »

La fille de Milton, objet rempli de charmes,
Ouvre l'affreux papier qu'elle baigne de larmes :
C'est elle qui souvent, dans un docte entretien,
Relit le vieil Homère à l'Homère chrétien ;
Et des textes sacrés, interprète modeste,
A son père elle rend la lumière céleste,
En échange du jour qu'elle reçut de lui.
Au chevet paternel empruntant un appui,
D'une voix altérée elle lit la sentence :
« *Voulant à la justice égaler la clémence,*
« *Il nous plaît d'octroyer, de pleine autorité,*
« *A Davenant, pour prix de sa fidélité,*
« *La grâce de Milton.* CHARLES. »

       Qu'on se figure

Les transports que causa la touchante aventure,
Combien furent de pleurs dans Londres répandus
Pour les talents sauvés et les bienfaits rendus !

CLARISSE.

IMITATION D'UN POÈTE ÉCOSSAIS.

Londres, 1797.

Ui, je me plais, Clarisse, à la saison
  tardive,
 Image de cet âge où le temps m'a
  conduit ;
Du vent à tes foyers j'aime la voix plaintive
  Durant la longue nuit.

Philomèle a cherché des climats plus propices ;
Progné fuit à son tour : sans en être attristé,

Des beaux jours près de toi retrouvant les délices,
  Ton vieux cygne est resté.

Viens dans ces champs déserts où la bise murmure,
Admirer le soleil qui s'éloigne de nous ;
Viens goûter de ces bois qui perdent leur parure
  Le charme triste et doux.

Des feuilles que le vent détache avec ses ailes,
Voltige dans les airs le défaillant essaim :
Ah ! puissé-je en mourant me reposer comme elles
  Un moment sur ton sein !

Pâle et dernière fleur qui survit à Pomone,
La Veilleuse[1] en ces prés peint mon sort et ma foi :
De mes ans écoulés tu fais fleurir l'automne,
  Et je veille pour toi.

Ce ruisseau, sous tes pas, cache au sein de la terre
Son cours silencieux et ses flots oubliés :
Que ma vie inconnue, obscure et solitaire,
  Ainsi passe à tes pieds !

[1] Nom populaire du Colchique.

CLARISSE.

Aux portes du couchant le ciel se décolore ;
Le jour n'éclaire plus notre aimable entretien :
Mais est-il un sourire aux lèvres de l'Aurore
      Plus charmant que le tien ?

L'astre des nuits s'avance en chassant les orages :
Clarisse, sois pour moi l'astre calme et vainqueur
Qui de mon front troublé dissipe les nuages,
      Et fait rêver mon cœur.

L'ESCLAVE.

Tunis, 1857.

E vigilant derviche à la prière appelle
Du haut des minarets teints des feux du
couchant.
Voici l'heure au lion qui poursuit la gazelle :
Une rose au jardin moi je m'en vais cherchant.
Musulmane aux longs yeux, d'un maître que je brave
Fille délicieuse, amante des concerts,
Est-il un sort plus doux que d'être ton esclave,
    Toi que je sers, toi que je sers ?

Jadis, lorsque mon bras faisoit voler la prame
Sur le fluide azur de l'abîme calmé,
Du sombre désespoir les pleurs mouilloient ma rame :
Un charme m'a guéri : j'aime et je suis aimé.
Le noir rocher me plaît ; la tour que le flot lave
Me sourit maintenant aux grèves de ces mers :
Le flambeau du signal y luit pour ton esclave,
  Toi que je sers, toi que je sers !

Belle et divine es-tu, dans toute ta parure,
Quand la nuit au harem je glisse un pied furtif !
Les tapis, l'aloës, les fleurs et l'onde pure,
Sont par toi prodigués à ton jeune captif.
Quel bonheur ! au milieu du péril que j'aggrave,
T'entourer de mes bras, te parer de mes fers,
Mêler à tes colliers l'anneau de ton esclave,
  Toi que je sers, toi que je sers !

Dans les sables mouvants, de ton blanc dromadaire
Je reconnois de loin le pas sûr et léger ;
Tu m'apparois soudain : un astre solitaire
Est moins doux sur la vague au pauvre passager ;

Du matin parfumé le souffle est moins suave,
Le palmier moins charmant au milieu des déserts.
Quel sultan glorieux égale ton esclave,
    Toi que je sers, toi que je sers?

Mon pays, que j'aimais jusqu'à l'idolâtrie,
N'est plus dans les soupirs de ma simple chanson;
Je ne regrette plus ma mère et ma patrie;
Je crains qu'un prêtre saint n'apporte ma rançon.
Ne m'affranchis jamais! laisse-moi mon entrave!
Oui, sois ma liberté, mon Dieu, mon univers!
Viens, sous tes beaux pieds nus, viens fouler ton esclave,
    Toi que je sers, toi que je sers!

ROMANCE.

SOUVENIR DU PAYS DE FRANCE.

OMBIEN j'ai douce souvenance
Du joli lieu de ma naissance !
Ma sœur, qu'ils étoient beaux les
 jours
 De France !
O mon pays, sois mes amours
 Toujours !

SOUVENIR DU PAYS DE FRANCE.

Te souvient-il que notre mère,
Au foyer de notre chaumière,
Nous pressoit sur son cœur joyeux,
    Ma chère?
Et nous baisions ses blancs cheveux.
    Tous deux.

Ma sœur, te souvient-il encore
Du château que baignoit la Dore;
Et de cette tant vieille tour
    Du Maure,
Où l'airain sonnoit le retour
    Du jour?

Te souvient-il du lac tranquille
Qu'effleuroit l'hirondelle agile,
Du vent qui courboit le roseau
    Mobile,
Et du soleil couchant sur l'eau,
    Si beau?

Oh! qui me rendra mon Hélène,
Et ma montagne, et le grand chêne?

SOUVENIR DU PAYS DE FRANCE.

Leur souvenir fait tous les jours
   Ma peine :
Mon pays sera mes amours
   Toujours !

BALLADE DE L'ABENCERAGE.[1]

Le roi don Juan,
 Un jour chevauchant,
 Vit sur la montagne
Grenade d'Espagne ;

[1] En traversant un pays montagneux, entre Algésiras et Cadix, je m'arrêtai dans une *venta* située au milieu d'un bois. Je n'y trouvai qu'un petit garçon de quatorze à quinze ans et une petite fille à peu près du même âge, frère et sœur, qui tressoient auprès du feu des nattes de jonc. Ils chantoient une romance dont je ne comprenois pas les paroles, mais dont l'air étoit simple et naïf. Il faisoit un temps affreux ; je restai deux heures à la *venta*. Mes jeunes hôtes répétèrent si long-temps les couplets de leur romance, qu'il me fut aisé d'en apprendre l'air par cœur. C'est sur cet air que j'ai composé la romance de l'Abencerage. Peut-être étoit-il question d'Aben-Hamet dans la chanson de mes deux petits Espagnols. Au reste, le dialogue de Grenade et du roi de Léon est imité d'une romance espagnole.

Il lui dit soudain :
    Cité mignonne,
    Mon cœur te donne
    Avec ma main.

Je t'épouserai,
Puis apporterai
En dons à ta ville
Cordoue et Séville.
Superbes atours
    Et perles fines
    Je te destine
    Pour nos amours.

Grenade répond :
Grand roi de Léon,
Au Maure liée,
Je suis mariée.
Garde tes présents :
    J'ai pour parure
    Riche ceinture
    Et beaux enfants.

Ainsi tu disois ;
Ainsi tu mentois.
O mortelle injure !
Grenade est parjure !
Un chrétien maudit
D'Abencerage
Tient l'héritage :
C'étoit écrit !

Jamais le chameau
N'apporte au tombeau,
Près de la piscine,
L'haggi de Médine.
Un chrétien maudit
D'Abencerage
Tient l'héritage :
C'étoit écrit !

O bel Alhambra !
O palais d'Allah !
Cité des fontaines !
Fleuve aux vertes plaines !

Un chrétien maudit
D'Abencerage
Tient l'héritage :
C'étoit écrit !

ROMANCE.

LE CID.

Air des Folies d'Espagne. [1]

PRÊT à partir pour la rive africaine,
Le Cid armé, tout brillant de valeur,
Sur la guitare, aux pieds de sa Chimène,
Chantoit ces vers que lui dictoit l'honneur :

---

[1] Tout le monde connoît l'air des *Folies d'Espagne.* Cet air étoit sans paroles, du moins il n'y avoit point de paroles qui en rendissent le caractère grave, religieux et chevaleresque. J'ai essayé d'exprimer ce caractère dans la romance du Cid. Cette romance s'étant répandue dans le public sans mon aveu, des maîtres célèbres m'ont fait l'honneur de l'embellir de leur musique. Mais comme je l'avois expressément composée pour l'air des *Folies d'Espagne,* il y a un couplet qui devient un vrai galimathias, s'il ne se rapporte à mon intention primitive :

..... Mon noble chant vainqueur,
D'*Espagne* un jour deviendra *la folie,* etc.

Chimène a dit : Va combattre le Maure ;
De ce combat surtout reviens vainqueur.
Oui, je croirai que Rodrigue m'adore,
S'il fait céder son amour à l'honneur.
— Donnez, donnez et mon casque et ma lance !
Je veux montrer que Rodrigue a du cœur :
Dans les combats signalant sa vaillance,
Son cri sera pour sa dame et l'honneur.

Maure vanté par ta galanterie,
De tes accents mon noble chant vainqueur
D'Espagne un jour deviendra la folie,
Car il peindra l'amour avec l'honneur.
Dans le vallon de notre Andalousie,
Les vieux chrétiens conteront ma valeur :
Il préféra, diront-ils, à la vie ;
Son Dieu, son Roi, sa Chimène et l'honneur.

NOUS VERRONS.

Paris, 1810.

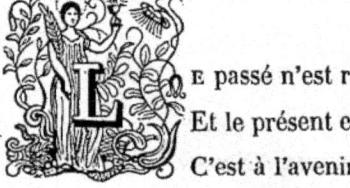E passé n'est rien dans la vie,
Et le présent est moins encor :
C'est à l'avenir qu'on se fie
Pour nous donner joie et trésor.
Tout mortel dans ses vœux devance
Cet avenir où nous courons ;

NOUS VERRONS.

Le bonheur est en espérance,
On vit, en disant : Nous verrons.

Mais cet avenir plein de charmes,
Qu'est-il lorsqu'il est arrivé?
C'est le présent qui de nos larmes
Matin et soir est abreuvé !
Aussitôt que s'ouvre la scène
Qu'avec ardeur nous désirons,
On bâille, on la regarde à peine;
On voit, en disant : Nous verrons.

Ce vieillard penche vers la terre;
Il touche à ses derniers instants :
Y pense-t-il? Non; il espère
Vivre encor soixante et dix ans.
Un docteur, fort d'expérience,
Veut lui prouver que nous mourons :
Le vieillard rit de la sentence
Et meurt en disant : Nous verrons.

Valère et Damis n'ont qu'une âme;
C'est le modèle des amis.

NOUS VERRONS.

Valère en un malheur réclame
La bourse et les soins de Damis :
« Je viens à vous, ami sincère,
« Ou ce soir au fond des prisons...
« — Quoi ! ce soir même ? — Oui ! — Cher Valère,
« Revenez demain ; Nous verrons. »

Gare ! faites place aux carrosses
Où s'enfle l'orgueilleux manant
Qui jadis conduisoit deux rosses
A trente sous, pour le passant,
Le peuple écrasé par la roue
Maudit l'enfant des Porcherons ;
Moi, du prince évitant la boue,
Je me range et dis ; Nous verrons.

Nous verrons, est un mot magique
Qui sert dans tous les cas fâcheux :
Nous verrons, dit le politique ;
Nous verrons, dit le malheureux.
Les grands hommes de nos gazettes,
Les rois du jour, les fanfarons,

Les faux amis et les coquettes,
Tout cela vous dit : Nous verrons.

PEINTURE DE DIEU.

TIRÉE DE L'ÉCRITURE.

Paris, 1810.

Savez-vous, ô pécheur! quel est ce Dieu jaloux
Quand l'œuvre de l'impie allume son courroux?
Sur un char foudroyant il roule dans l'espace;
La Mort et le Démon volent devant sa face;
Les trois cieux, dont il fait trembler l'immensité,
S'abaissent sous les pas de son éternité;

Le soleil pâlissant et la lune sanglante
Marchent à la lueur de sa lance brûlante;
Des gouffres de l'enfer il fait sortir la nuit;
Il parle, tout se tait; la mer le voit et fuit,
Et l'Abîme, du fond des vagues tourmentées,
Lève en criant vers lui ses mains épouvantées.
Au crime couronné ce Dieu redit : « Malheur! »
Et c'est le même Dieu qui bénit la douleur!.

POUR LE MARIAGE DE MON NEVEU.

Au Ménil, 1812.

L'AUTEL est prêt ; la foule l'environne :
Belle Zélie, il réclame ta foi.
Viens, de ton front est la blanche couronne
Moins virginale et moins pure que toi.

J'ai quelquefois peint la grâce ingénue
Et la pudeur sous ses voiles nouveaux :
Ah ! si mes yeux plus tôt t'avoient connue,
On auroit moins critiqué mes tableaux.

Mon cher Louis, chez la race étrangère
Tu n'iras point t'égarer comme moi :
A qui la suit la fortune est légère ;
Il faut l'attendre et l'enfermer chez soi.

Cher orphelin, image de ta mère,
Au ciel pour toi je demande ici-bas
Les jours heureux retranchés à ton père,
Et les enfants que ton oncle n'a pas.

Fais de l'honneur l'idole de ta vie ;
Rends tes aïeux fiers de leur rejeton,
Et ne permets qu'à la seule Zélie
Pour un moment de rougir à ton nom.

POUR LA FÊTE DE MADAME DE ***.

Verneuil, 1812.

E tes amis vois la troupe fidèle
Pour te fêter s'unir à tes enfants :
Tu nous parois toujours fraîche et nouvelle
Comme la fleur qu'ils t'offrent tous les ans.

88 POUR LA FÊTE DE MADAME DE ***.

Par la vertu quand la grâce est produite,
Son charme au temps ne peut être soumis ;
Des jours pour toi nous seuls marquons la fuite :
Tu restes jeune avec de vieux amis.

VERS

TROUVÉS SUR LE PONT DU RHÔNE.

1812)

IL est minuit, et tu sommeilles;
Tu dors, et moi je vais mourir.
Que dis-je, hélas! peut-être que tu
    veilles!
Pour qui?... l'enfer me fera moins souffrir.

90 VERS TROUVÉS SUR LE PONT DU RHONE.

Demain quand, appuyée au bras de ta conquête,
Lasse de trop d'amour et cherchant le repos,
Tu passeras ce fleuve, avance un peu la tête
    Et regarde couler ces flots.

ODE.

LES MALHEURS DE LA RÉVOLUTION.

Paris, 1813.

Sors des demeures souterraines,
Néron, des humains le fléau !
Que le triste bruit de nos chaînes
Te réveille au fond du tombeau.
Tout est plein de trouble et d'alarmes ;
Notre sang coule avec nos larmes ;
Ramper est la première loi :
Nous traînons d'ignobles entraves ;

LES MALHEURS DE LA RÉVOLUTION.

On ne voit plus que des esclaves :
Viens ; le monde est digne de toi.

Ils sont dévastés dans nos temples
Les monuments sacrés des rois :
Mon œil effrayé les contemple ;
Je tremble et je pleure à la fois.
Tandis qu'une fosse commune,
Des grandeurs et de la fortune
Reçoit les funèbres lambeaux,
Un spectre, à la voix menaçante,
A percé la tombe récente
Qui dévora les vieux tombeaux.

Sa main d'une pique est armée :
Un bonnet cache son orgueil ;
Par la mort sa vue est charmée :
Il cherche un tyran [1] au cercueil.
Courbé sur la poudre insensible,
Il saisit un sceptre terrible

---

[1] Louis XI. Ce roi ne fut point enterré à Saint-Denis : peu importe au poète.

Qui du lis a flétri la fleur ;
Et d'une couronne gothique
Chargeant son bonnet anarchique,
Il se fait roi de la douleur.

Voilà le fantôme suprême,
François, qui va régner sur vous.
Du républicain diadème
Portez le poids léger et doux.
L'anarchie et le despotisme,
Au vil autel de l'athéisme,
Serrent un nœud ensanglanté ;
Et s'embrassant dans l'ombre impure,
Ils jouissent de la torture
De leur double stérilité.

L'échafaud, la torche fumante,
Couvrent nos campagnes de deuil.
La Révolution béante
Engloutit le fils et l'aïeul.
L'adolescent qu'atteint sa rage
Va mourir au champ du carnage

Ou dans un hospice exilé ;
Avant qu'en la tombe il s'endorme,
Sur un appui de chêne ou d'orme,
Il traîne un buste mutilé :

Ainsi quand l'affreuse Chimère [1]
Apparut non loin d'Ascalon,
En vain la tendre et foible mère
Cacha ses enfants au vallon.
Du Jourdain les roseaux frémirent ;
Au Liban les cèdres gémirent,
Les palmiers à Jézeraël,
Et le chameau, laissé sans guides,
Pleura dans les sables arides
Avec les femmes d'Ismaël.

Napoléon de son génie
Enfin écrase les pervers ;
L'ordre renaît : la France unie
Reprend son rang dans l'univers.

---

[1] Prise ici pour le monstre marin d'Andromède.

Mais, Géant, fils aîné de l'homme,
Faut-il d'un trône qu'on te nomme
Usurpateur? Mal fécondé,
L'illustre champ de ta victoire
Devoit-il renier la gloire
Du vieux Cid et du grand Condé?

Racontez, nymphes de Vincenne,
Racontez des faits inouïs [1],
Vous qui présidiez sous un chêne
A la justice de Louis !
Oh! de la mort chantre sublime [2],
Toi qui d'un héros magnanime
Rends plus grand le grand souvenir,
Quels cris aurois-tu fait entendre,
Si, quand tu pleurois sur sa cendre,
Ton œil eût sondé l'avenir?

Le vieillard-roi dont la clef sainte
De Rome garde les débris,

---

[1] Mort du duc d'Enghien.
[2] Bossuet.

N'a pu, dans l'éternelle enceinte,
A son front trouver des abris.
On peut charger ses mains débiles
De fers ingrats[1], mais inutiles,
Car il reste au Juste nouveau
La force de sa croix divine,
Et de sa couronne d'épine,
Et de son sceptre de roseau.

Triomphateur, notre souffrance
Se fatigue de tes lauriers ;
Loin du doux soleil de la France
Devois-tu laisser nos guerriers ?[2]
La Duna, que tourmente Éole,
Au Neptune inconnu du pôle
Roule leurs ossements blanchis,
Tandis que le noir Borysthène
Va conter le deuil de la Seine
Aux mers brillantes de Colchis.

[1] Le pape à Fontainebleau.
[2] Campagne de Moscou.

LES MALHEURS DE LA RÉVOLUTION.

A l'avenir ton âme aspire ;
Avide encore du passé,
Tu veux Memphis ; du temps l'empire
Par l'aigle sera traversé.
Mais, Napoléon, ta mémoire
Ne se montrera dans l'histoire
Que sous le voile de nos pleurs :
Lorsqu'à t'admirer tu m'entraînes,
La liberté me dit ses chaînes,
La vertu m'apprend ses douleurs.

VERS

ÉCRITS SUR UN SOUVENIR [1] DONNÉ PAR MADAME LA MARQUISE
DE GROLLIER A M. LE BARON DE HUMBOLDT.

Paris, 1818.

ous qui vivrez toujours, comment pourrez-
vous croire
Qu'on vous offre des fleurs si promptes
à mourir?
« Présentez, direz-vous, ces filles du Zéphyr
« A la beauté, mais non pas à la gloire. »

[1] Ce *Souvenir* renfermoit des pensées de l'illustre voyageur, et étoit orné de fleurs peintes par madame de Grollier.

Des dons de l'amitié connoissez mieux le prix ;
 Dédaignez moins ces fleurs nouvelles :
 En les peignant sur vos écrits,
J'ai trouvé le secret de les rendre immortelles.

CHARLOTTEMBOURG,

ou

LE TOMBEAU DE LA REINE DE PRUSSE.

Berlin, 1821.

LE VOYAGEUR.

Sous les hauts pins qui protégent ces sources,
Gardien, dis-moi quel est ce monument nouveau ?

LE GARDIEN.

Un jour il deviendra le terme de tes courses :
O voyageur ! c'est un tombeau.

LE VOYAGEUR.

Qui repose en ces lieux?

LE GARDIEN.

Un objet plein de charmes.

LE VOYAGEUR.

Qu'on aima?

LE GARDIEN.

Qui fut adoré.

LE VOYAGEUR.

Ouvre-moi.

LE GARDIEN.

Si tu crains les larmes,
N'entre pas.

LE VOYAGEUR.

J'ai souvent pleuré.

(Le voyageur et le gardien entrent.)

LE VOYAGEUR.

De la Grèce ou de l'Italie
On a ravi ce marbre à la pompe des morts.
Quel tombeau l'a cédé pour enchanter ces bords?
Est-ce Antigone ou Cornélie?

LE GARDIEN.

La beauté dont l'image excite tes transports,
Parmi nos bois passa sa vie.

LE VOYAGEUR.

Qui pour elle, à ces murs de marbre revêtus,
A suspendu ces couronnes fanées?

LE GARDIEN.

Les beaux enfants dont ses vertus
Ici-bas furent couronnées.

LE VOYAGEUR.

On vient.

LE GARDIEN.

C'est un époux : il porte ici ses pas
Pour nourrir en secret un souvenir funeste.

LE VOYAGEUR.

Il a donc tout perdu?

LE GARDIEN.

Non : un trône lui reste.

LE VOYAGEUR.

Un trône ne console pas.

LES ALPES OU L'ITALIE.

1822.

ONC reconnoissez-vous au fond de vos
abîmes
Ce voyageur pensif,
Au cœur triste, aux cheveux blanchis comme vos cimes,
Au pas lent et tardif?

Jadis de ce vieux bois où fuit une eau limpide,
Je sondois l'épaisseur,
Hardi comme un aiglon, comme un chevreuil rapide,
Et gai comme un chasseur.

Alpes, vous n'avez point subi mes destinées !
Le temps ne vous peut rien ;
Vos fronts légèrement ont porté les années
Qui pèsent sur le mien.

Pour la première fois, quand, rempli d'espérance,
Je franchis vos remparts,
Ainsi que l'horizon, un avenir immense
S'ouvroit à mes regards.

L'Italie à mes pieds, et devant moi le monde,
Quel champ pour mes désirs !
Je volai, j'évoquai cette Rome féconde
En puissants souvenirs.

Du Tasse une autre fois je revis la patrie :
Imitant Godefroi,
Chrétien et chevalier, j'allois vers la Syrie
Plein d'ardeur et de foi.

Ils ne sont plus ces jours que point mon cœur n'oublie,
Et ce cœur aujourd'hui,
Sous le brillant soleil de la belle Italie,
Ne sent plus que l'ennui.

Pompeux ambassadeurs que la faveur caresse,
    Ministres, valez-vous
Les obscurs compagnons de ma vive jeunesse
    Et mes plaisirs si doux?

Vos noms aux bords riants que l'Adige décore
    Du temps seront vaincus,
Que Catulle et Lesbie enchanteront encore
    Les flots du Bénacus.

Politiques, guerriers, vous qui prétendez vivre
    Dans la postérité,
J'y consens : mais on peut arriver, sans vous suivre,
    A l'immortalité.

J'ai vu ces fiers sentiers tracés par la Victoire,
    Au milieu des frimas,
Ces rochers du Simplon que le bras de la Gloire
    Fendit pour nos soldats :

Ouvrage d'un géant, monument du génie,
    Serez-vous plus connus
Que la roche où Saint-Preux contoit à Meillerie
    Les tourments de Vénus?

Je vous peignis aussi, chimère enchanteresse,
  Fictions des amours !
Aux tristes vérités le temps qui fuit sans cesse
  Livre à présent mes jours.

L'histoire et le roman font deux parts de la vie
  Qui sitôt se ternit :
Le roman la commence, et lorsqu'elle est flétrie
  L'histoire la finit.

LE DÉPART.

Paris, 1827.

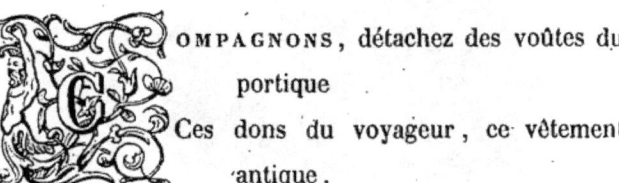OMPAGNONS, détachez des voûtes du
portique
Ces dons du voyageur, ce vêtement
antique,
Que j'avois consacrés aux dieux hospitaliers.
Pour affermir mes pas dans la course prochaine,
Remettez dans ma main le vieil appui de chêne
   Qui reposoit à mes foyers.

LE DÉPART.

Où vais-je aller mourir? dans les bois des Florides?
Aux rives du Jourdain, aux monts des Thébaïdes?
Ou bien irai-je encore à ce bord renommé,
Chez un peuple affranchi par les efforts du brave,
Demander le sommeil que l'Eurotas esclave
    M'offrit dans son lit embaumé?

Ah! qu'importe le lieu? jamais un peu de terre,
Dans le champ du potier, sous l'arbre solitaire,
Ne peut manquer aux os du fils de l'étranger.
Nul ne rira du moins de ma mort advenue;
Du pèlerin assis sur ma tombe inconnue
    Du moins le poids sera léger.

DES POÉSIES DIVERSES.

MOÏSE,

TRAGÉDIE EN CINQ ACTES.

PRÉFACE.

Les Israélites, conduits par Moïse et poursuivis par Pharaon, sortirent d'Égypte et passèrent la mer Rouge; ils emportoient avec eux les os de Joseph, selon que Joseph le leur avoit fait promettre sous serment, en leur disant : « Dieu vous visitera; em-
« portez d'ici mes os avec vous. »

Le passage de la mer Rouge accompli, Marie, prophétesse, sœur de Moïse et d'Aaron, chanta le cantique d'actions de grâce au Seigneur, qui avoit enseveli Pharaon et son armée dans les flots. Le peuple de Dieu entra dans la solitude de Sur, puis il vint à Mara, où Moïse adoucit les eaux amères. De Mara, les Israélites arrivèrent à Élim; il y avoit là douze fontaines. D'Élim ils passèrent à Sin; ils y murmurèrent contre Moïse et Aaron, regrettant l'abondance de la terre d'Égypte. Dieu envoya la manne, qui tomboit le matin comme une rosée, et que l'on recueilloit chaque jour. Les Hébreux, partis de Sin, campèrent à Raphidim, où le peuple murmura de nouveau. Moïse, par l'ordre du Seigneur, frappa la pierre d'Oreb avec la verge dont il avoit frappé le Nil, et il en sortit de l'eau.

Les Amalécites vinrent à Raphidim attaquer Israël : ils descendoient d'Amalec, petit-fils d'Ésaü. Ésaü, fils d'Isaac, avoit été supplanté par son frère Jacob, auquel il avoit vendu son droit d'aînesse pour un plat de lentilles. Dans la suite, Dieu voulut que Saül exterminât la race entière des Amalécites.

Josué combattit les ennemis à Raphidim, et remporta la victoire. Moïse prioit sur le haut d'une colline, en tenant les mains élevées vers le ciel : Aaron et Hur lui soutenoient les mains des deux côtés, car Amalec avoit l'avantage lorsque les mains de Moïse s'abaissoient de lassitude.

PRÉFACE.

De Raphidim, les Hébreux gagnèrent le désert de Sinaï. Moïse alla parler à Dieu, qui l'avoit appelé au haut de la montagne : il étoit accompagné de Josué. Le troisième jour on commença à entendre des tonnerres et à voir briller des éclairs. Une nuée très épaisse couvrit la montagne; une trompette sonnoit avec grand bruit; Moïse parloit à Dieu, et Dieu lui répondoit. Le Seigneur promulgua ses lois au milieu de la foudre; il donna à Moïse les deux tables du Témoignage, qui étoient de pierre et écrites du doigt de Dieu. Moïse descendit de la montagne avec les Tables. Josué ouït du tumulte dans le camp; Moïse reconnut que ce n'étoient point les voix confuses de gens qui poussoient leur ennemi, mais les voix de personnes qui chantoient.

Pendant l'absence de Moïse, le peuple s'étoit élevé contre Aaron, et lui avoit dit : « Faites-nous « des dieux qui marchent devant nous. » Un Veau d'or avoit été formé, et les Hébreux l'avoient adoré avec des chants et des danses. Moïse brisa les Tables de la loi et le Veau d'or. Ensuite il se tint à la porte du camp, et dit : « Si quelqu'un est au Seigneur, « qu'il se joigne à moi. » Et les enfants de Lévi s'assemblèrent autour de lui. Moïse ordonna à chacun d'eux de passer et de repasser au travers du camp, d'une tente à l'autre; et de tuer chacun son frère, son ami, et celui qui lui étoit le plus proche; et il y eut environ vingt-trois mille hommes de tués ce jour-là.

Nadab, fils d'Aaron, ayant offert un feu étranger au Seigneur, fut dévoré par le feu du ciel. Caleb et Josué furent les seuls des Hébreux sortis d'Égypte qui entrèrent dans la Terre-Promise; Moïse même n'y entra point, et ne la vit que du sommet du mont Abarim.

C'est de cette histoire que j'ai tiré le fond de la tragédie de *Moïse*. Le sujet de cette tragédie est la *première idolâtrie des Hébreux ;* idolâtrie qui compromettoit les destinées de ce peuple et du monde. Je suppose que parmi les causes qui précipitèrent

Israël dans le péché, il y en eut une principale. Ici même, dans l'invention, je reste encore fidèle à l'Histoire sainte; toute l'Écriture nous apprend que les Hébreux furent entraînés à l'idolâtrie par les femmes étrangères. Il suffit de citer l'exemple de Salomon : « Le roi Salomon aima passionnément « plusieurs femmes étrangères... Le Seigneur avoit « dit aux enfants d'Israël : Vous ne prendrez point « des femmes de Moab et d'Ammon, des femmes « d'Idumée, des Sidoniennes et du pays Héthéen, « car elles vous pervertiront le cœur pour vous « faire adorer leurs dieux.......... Salomon servoit « Astarthé, déesse des Sidoniens, et Moloch, l'idole « des Ammonites..... Il bâtit un temple à Chamos, « l'idole des Moabites. »

La tragédie apprendra aux lecteurs quelle est Arzane : je ne sais si l'on a jamais remarqué que Judith, qui cause une si grande admiration aux soldats d'Holoferne, est le premier modèle de l'Armide du Tasse dans le camp de Godefroy de Bouillon. Arzane, reine des Amalécites, environnée de jeunes filles de Tyr et de Sidon, adorant Astarthé et les divinités de la Syrie, m'a mis à même d'opposer des fables voluptueuses à la sévère religion des Hébreux. Les personnes versées dans la lecture des livres saints verront ce que j'en ai imité : elles auront lieu de le remarquer dans le rôle entier de Moïse et dans les chœurs. Le chant de la *Courtisane*, dans le chœur des Amalécites, est tiré du chapitre VII des *Proverbes* de Salomon, *Victimas pro salute vovi, hodie reddidi vota mea.* Le chœur du troisième acte rappelle le XVIIIe psaume, *Cœli enarrant gloriam Dei*, et le chœur du IVe reproduit le cantique de Marie après le passage de la mer Rouge : *Equum et ascensorem ejus dejecit in mare.*

A Dieu ne plaise que je prétende un seul instant avoir soutenu l'éloquence de l'Écriture; je dis ce que j'ai tenté, non ce que j'ai fait. Racine, tout Racine qu'il étoit, a quelquefois été vaincu dans ses efforts, comme l'a remarqué La Harpe. Qu'est-ce donc que moi, chétif, qui ai osé mettre en scène, non pas Joad, mais Moïse même, ce législateur aux rayons de feu sur le front, ce prophète qui délivroit Israël, frappoit l'Égypte, entr'ouvroit la mer, écrivoit l'histoire de la Création, peignoit d'un mot la naissance de la lumière, et parloit au Seigneur face à face, bouche à bouche : *Ore ad os loquor ei ?* (*Num.*, cap. XII.)

Le lieu de la scène est fixé dès les premiers vers de *Moïse;* l'exposition vient tout de suite après. Les trois unités sont observées; toutes les entrées et les sorties motivées; enfin c'est un ouvrage strictement classique. L'auteur en demande de grandes excuses :

Pardonne à sa *foiblesse* en faveur de son âge.

J'avois autrefois conçu le dessein de faire trois tragédies : la première sur un sujet antique, dans le système complet de la tragédie grecque; la seconde sur un sujet emprunté de l'Écriture; la troisième sur un sujet tiré de l'histoire des temps modernes.

Je n'ai exécuté mon dessein qu'en partie : j'ai le plan en prose et quelques scènes en vers de ma tragédie grecque, *Astyanax*. Saint Louis eût été le héros de ma tragédie *romantique*; je n'en ai rien écrit. Pour sujet de ma tragédie hébraïque, j'ai choisi *Moïse*. Cette tragédie en cinq actes, avec des chœurs, m'a coûté un long travail; je n'ai cessé de la revoir et de la corriger depuis une vingtaine d'années. Le grand tragédien Talma, qui l'avoit lue, m'avoit donné d'excellents conseils dont j'ai profité : il avoit à cœur de jouer le rôle de *Moïse*, et son incomparable talent pouvoit laisser la chance d'un succès.

La tragédie de *Moïse* appartenoit, par mon contrat de vente, aux propriétaires de mes OEuvres; je ne m'étois réservé que le droit d'accorder ou de refuser la permission de la mise en scène. Je résistai long-temps aux sollicitations des propriétaires; mais enfin, soit foiblesse, soit mauvaise tentation d'auteur, je cédai. *Moïse*, lu au comité du Théâtre-François, en 1828, fut reçu à l'unanimité.

PRÉFACE. 121

M. le vicomte Sosthènes de La Rochefoucauld se prêta avec beaucoup de complaisance à tous les arrangements; M. Taylor s'occupa des ordres à donner pour les décorations et les costumes avec cet amour des arts qui le distingue; M. Halevy, dont le beau talent est si connu, se voulut bien charger d'écrire la musique nécessaire; et les chœurs de l'Opéra se devoient joindre à la Comédie-Françoise pour l'exécution de la pièce telle que je l'avois conçue.

Plusieurs personnes désiroient encore voir donner *Moïse*, afin d'essayer une diversion en faveur de cette pauvre école classique, si battue, si délaissée, à laquelle je devois bien quelque réparation; moi l'aïeul du romantique par mes enfants sans joug, *Atala* et *René*. Ces personnes espéroient quelque succès dans la pompe du spectacle de *Moïse*, la multitude des personnages, le contraste des chœurs, la manière dont ces chœurs (marquant le midi, le coucher du soleil, le minuit, le lever du soleil) se trouvent liés à l'action. Je pense moi-même, et je puis le dire sans amour-propre, puisqu'il ne s'agit que d'un effet tout matériel indépendant du talent de l'auteur, je pense que la descente de Moïse du mont Sinaï, à la clarté de la lune, portant les Tables de la loi ; que le chœur du troisième acte avec sa double musique, l'une lointaine dans le camp, l'autre grave et plaintive sur le devant de la scène; que le chœur du quatrième acte, groupé sur la montagne au lever de l'aurore; que le dénoûment en action amené par le sacrifice; que les décorations représentant la mer Rouge au loin, le mont Sinaï, le désert avec ses palmiers, ses nopals, ses aloës, le camp avec ses tentes noires, ses chameaux, ses onagres, ses dromadaires; je pense que cette variété de scènes donneroit peut-être à *Moïse* un mouvement qui manque trop, il en faut convenir, à la tragédie classique. Une autre innovation que je conseillois pouvoit encore ajouter à cet intérêt de pure curiosité : selon moi, les chœurs doivent être déclamés et non chantés, soutenus seulement par une sorte de mélopée, et coupés par quelques morceaux d'ensemble de peu de longueur; autrement vous mêlez deux arts qui se nuisent : la musique à la poésie, l'opéra à la tragédie. Ainsi, par exemple, la prière du troisième chœur,

> N'écoute point, dans ta colère,
> O Dieu! le cri de ces infortunés!

me sembleroit d'un meilleur effet débitée que chantée.

Quoi qu'il en soit de mes foiblesses et de mes rêves, aussitôt que l'on sut que *Moïse* alloit être joué, des représentations m'arrivèrent de toutes parts : les uns avoient la bonté de me croire un trop grand personnage pour m'exposer aux sifflets; les autres pensoient que j'allois gâter ma vie politique, et interrompre en même temps la carrière de tous les hommes qui marchoient avec moi. Quand j'aurois fait *Athalie*, le temps étoit-il propre aux ouvrages de cette nature, aux ouvrages entachés de classique et de religion? Le public ne vouloit plus que de violentes émotions, que des bouleversements d'unités, des changements de lieux, des entassements d'années, des surprises, des effets inattendus, des coups de théâtre et de poignard. Que seroit-ce donc si, menacé même pour un chef-d'œuvre, je n'avois fait, ce qui étoit possible et même extrêmement probable, qu'une pièce insipide? Car enfin, puisque j'écrivois passablement en prose, n'étoit-il pas évident que je devois être un très méchant poëte? Les considérations qui ne s'appliquoient qu'à moi m'auroient peu touché : je n'avois aucune envie d'être président du conseil, et la liberté de la presse m'avoit aguerri contre les sifflets; mais quand je vis que d'autres destinées se croyoient liées à la mienne, je n'hésitai pas à retirer ma pièce : si je fais toujours bon marché de ma personne, je n'exposerai jamais celle de mes voisins.

La fortune, qui s'est constamment jouée de mes projets, n'a pas même voulu me passer une dernière fantaisie littéraire. Je ne puis plus attendre une occasion incertaine et éloignée de voir jouer *Moïse*.

Que de trônes auront croulé avant qu'on soit disposé à s'enquérir comment Nadab prétendoit élever le sien! *Moïse* ne m'appartient pas; il a dû entrer dans la collection de mes OEuvres, qu'il étoit plus que temps de compléter. On lira donc cette tragédie, si on la lit, dans la solitude et le silence du cabinet, au lieu de la voir environnée des prestiges et du bruit du théâtre; c'est la mettre à une rude épreuve: si elle étoit jouée après avoir été imprimée, elle auroit perdu son plus puissant, et peut-être son seul attrait, la nouveauté.

MOÏSE.

ACTE PREMIER.

NOMS DES PERSONNAGES.

MOÏSE.
AARON, frère de Moïse.
MARIE, sœur de Moïse et d'Aaron.
NADAB, fils d'Aaron.
CALEB, prince de la tribu de Juda, attaché à celle de Lévi.
DATHAN, compagnon de Nadab.
ARZANE, reine des Amalécites.
NÉBÉE, jeune Tyrienne de la suite d'Arzane.
CHOEUR DE JEUNES FILLES AMALÉCITES.
CHOEUR DE JEUNES FILLES ISRAÉLITES.
CHOEUR DE LÉVITES.
VIEILLARDS, PRINCES DU PEUPLE, PASTEURS, PEUPLE ET SOLDATS.

Le Théâtre représente le désert de Sinaï. On voit à droite le camp des douze Tribus, dont les tentes, faites de peaux de brebis noires, sont entremêlées de troupeaux de chameaux, de dromadaires, d'onagres, de cavales, de moutons et de chèvres; on voit à gauche le rocher d'Oreb frappé par Moïse, et d'où sort une source; quelques palmiers; sous ces palmiers le cercueil ou le tombeau de Joseph, déposé sur des pierres qui lui servent d'estrade. Le fond du théâtre offre de vastes plaines de sable, parsemées de buissons de nopals et d'aloës, terminées d'un côté par la mer Rouge, et de l'autre par les monts Oreb et Sinaï, dont les croupes viennent border l'avant-scène.

La scène est sous les palmiers, près de la source, à la tête du camp.

MOÏSE,

TRAGÉDIE EN CINQ ACTES.

ACTE PREMIER.

SCÈNE PREMIÈRE.

NADAB, seul.

(Il regarde quelque temps autour de lui, comme pour reconnoître les lieux où il se trouve.)

 la porte du camp, sous ces palmiers antiques
Où des vieillards hébreux les sentences publiques
Des diverses tribus terminent les débats,
Par quel nouveau sentier ai-je égaré mes pas?

(Après un moment de silence, en s'avançant sur la scène.)

Silencieux abris, profonde solitude,
Ne pouvez-vous calmer ma noire inquiétude?

Soulève enfin, Nadab; ton œil appesanti;
Vois les fils de Jacob au pied du Sinaï,
Le désert éclatant de miracles sans nombre,
La colonne à la fois et lumineuse et sombre,
L'eau sortant du rocher, des signes dans les airs,
Dieu prêt à nous parler du milieu des éclairs :
Prétends-tu, sourd au bruit de la foudre qui gronde,
Coupable fils d'Aaron, changer le sort du monde?
Mais que te fait, Nadab, le Seigneur et sa loi?
Le monde et les Hébreux ne sont plus rien pour toi.

(Il s'approche du cercueil de Joseph.)

Ma main aux bords du Nil déroba cette cendre;
Je pouvois sans rougir alors m'en faire entendre.
O Joseph! fils aimé, qui dors dans ce tombeau,
A l'épouse du roi toi qui parus si beau,
Rends mon cœur moins ardent, ou ma voix plus puissante,
Ou donne-moi ton charme, ou ta robe innocente!
° De Joseph retrouvé je n'ai point la grandeur,
Mais de Joseph perdu j'ai l'âge et le malheur.

SCÈNE II.

AARON, DATHAN.

AARON, *appelant Nadab, qui s'éloigne et disparoît sous les palmiers.*

Nadab !..... Il n'entend point ! Dans sa mélancolie
Son âme est à présent toujours ensevelie.
O mon cher fils ! reçois mes bénédictions :
Tes maux doublent le poids de mes afflictions ;
Mes jours ont été courts et mauvais sur la terre,
Et n'ont point égalé ceux d'Isaac mon père.
Nadab, que l'Éternel prenne pitié de toi !

DATHAN.

Sur le sort des Hébreux, Aaron, éclairez-moi.
Par Moïse envoyé vers le Madianite,
Depuis trois mois sorti du camp israélite,
Je trouve à mon retour le peuple menaçant,
L'Iduméen détruit et le Prophète absent ;
J'ignore également nos maux et notre gloire ;
Daignerez-vous, Aaron, m'en raconter l'histoire ?

AARON.

Dathan, cher compagnon que regrettoit mon fils,
Quand Israël, fuyant les princes de Memphis,
Eut franchi de la mer les ondes divisées,
Nos tribus par le ciel toujours favorisées,
En suivant du désert le merveilleux chemin,
Non loin du Sinaï s'arrêtèrent enfin.
Ce fut là qu'Amalec, à sa haine fidèle,
Nous chercha pour vider son antique querelle.
Thémar régnoit alors sur ce peuple nombreux;
Il vint à Raphidim attaquer les Hébreux.
Aux autels d'Adonis son épouse attachée,
Méprisant du fuseau la gloire humble et cachée,
Arzane, dans l'orgueil de toute sa beauté,
Presse, anime Thémar, et marche à son côté :
De sa main au vainqueur une palme est promise.
La trompette a sonné; les traits sifflent : Moïse,
Sur un mont à l'écart, debout, les bras levés,
Prioit le Dieu par qui les flots sont soulevés.
Ses redoutables bras étendus sur nos têtes,
Paroissoient dans le ciel assembler les tempêtes :
Quand il les abaissoit, de fatigue vaincu,
Amalec triomphoit d'Israël abattu;
Mais quand ses bras au ciel reportoient sa prière,

Nos plus fiers ennemis rouloient sur la poussière.
Soutenant dans les airs ce bras fort et puissant,
Qui sans porter de coups versoit des flots de sang,
J'achevai parmi nous de fixer la victoire.
Un seul jour vit périr Thémar et sa mémoire :
Sa veuve, à des dieux sourds ayant ses vœux offerts,
N'en fut pas entendue et tomba dans nos fers.

DATHAN.

Je ne vois jusqu'ici que d'heureuses prémices.

AARON.

Écoute. Après avoir réglé les sacrifices,
Mon frère qu'en secret appelle l'Éternel,
Moïse se dérobe aux regards d'Israël,
Il monte au Sinaï ; Josué l'accompagne :
Depuis quarante jours caché sur la montagne,
Mille bruits de sa mort dans le camp répandus
Tiennent de nos vieillards les esprits suspendus.
On s'agite au milieu du peuple qui murmure,
Je ne sais quel démon souffle une flamme impure ;
Le soldat se soulève et proclame en ce lieu
Et Nadab pour son chef et Baal pour son dieu.

DATHAN.

Nadab accepte-t-il cet honneur populaire ?

AARON.

De ses mâles vertus rejetant le salaire,
Mon fils porte en son sein un trait qu'il veut cacher,
Et que toi seul, Dathan, tu pourras arracher.
Pâle et silencieux dans sa marche pensive
Il erre autour du camp comme une ombre plaintive,
Il prononce tout bas le nom de ses aïeux ;
Son regard languissant se tourne vers les cieux ;
La nuit, à sa douleur se livrant sans obstacles,
On l'a trouvé pleurant auprès des tabernacles.
Mais j'aperçois Caleb, ce flambeau de la loi,
Et ma sœur dont les chants raniment notre foi.
Dathan, cherche Nadab, et dis-lui que son père
L'attend ici.

SCÈNE III.

AARON, MARIE, CALEB.

AARON, à Marie.

Marie, en qui Jacob espère,
Dans vos yeux attristés quels malheurs ai-je lus?
Qu'allez-vous m'annoncer?

MARIE.

Notre frère n'est plus!
Josué, de Moïse héritier prophétique,
De même a disparu sur la montagne antique :
Ils n'ont pu sans mourir contempler Jéhovah.
Comme ils prioient, dit-on, au sommet du Sina,
Du Seigneur à leur voix la Gloire est descendue,
Dans une ombre effrayante, au milieu d'une nue;
La nue en s'entr'ouvrant les a couverts de feux,
Et le ciel tout à coup s'est refermé sur eux;
Ils sont morts consumés.

AARON.

O ma sœur, ô Marie!
O promesse du ciel! ô future patrie!
Par qui du saint prophète a-t-on su le trépas?

MARIE.

Par les chefs envoyés pour découvrir ses pas.

CALEB.

Jeûnons, pleurons, veillons revêtus du cilice :
Crions vers le Très-Haut du fond du précipice.
Le destin de la terre est au nôtre lié....
Et Nadab, que je vois, l'a peut-être oublié.

SCÈNE IV.

NADAB, AARON, MARIE, CALEB.

NADAB, à Aaron.

Dathan, qui m'a rejoint au mont de la Gazelle,
M'a dit que dans ce lieu votre voix me rappelle,
Aaron.

AARON.

Oui, je voulois vous parler sans témoins,
Mais ce moment, Nadab, réclame d'autres soins.

NADAB.

Ma volonté toujours à la vôtre est soumise ;
Commandez.

AARON.

L'Éternel nous a ravi Moïse.

NADAB.
(A part.)

Moïse ! Est-ce, ô Seigneur ! ou grâce ou châtiment ?

AARON.

Que de maux produira ce triste événement !

NADAB.

Il change nos devoirs avec nos destinées.
Aux sables d'Ismaël désormais confinées,

Nos tribus, qui n'ont plus les doux regards du ciel,
Ne verront point la terre et de lait et de miel.
De cent peuples voisins calmant la défiance,
Élevons avec eux la pierre d'alliance,
Et fixons de Jacob l'avenir incertain,
Sans regretter le Nil, sans chercher le Jourdain.

CALEB.

Eh quoi! le fils d'Aaron tient un pareil langage!
A rester dans ces lieux c'est lui qui nous engage!
Ami, si nous perdons notre libérateur,
Toi, sorti de son sang, sois notre conducteur :
Atteins, perce et détruis cette race proscrite
Dont au livre éternel la ruine est écrite.

NADAB.

Je laisse à ta valeur ces sanglants embarras.

CALEB.

Ah! je sais quelle main a désarmé ton bras.
Le conseil de nos chefs, par qui tout se décide,
Dira s'il faut sauver une race homicide
Qui, jusque dans ce camp, avec un art fatal,
Introduit et répand le culte de Baal.

NADAB.

Charitable Caleb, sont-ce là les cantiques
Que du temple promis rediront les portiques?

Sur un autel de paix au Dieu que tu défends,
Tu veux donc immoler des femmes, des enfants?

CALEB.

Quand on est criminel, on subit sa sentence.

NADAB.

Quand on est sans pitié, croit-on à l'innocence?

CALEB.

A de trop doux penchants crains de t'abandonner.

NADAB.

Toi, sache quelquefois pleurer et pardonner.

CALEB.

La rigueur est utile.

NADAB.

Et la clémence auguste.

CALEB.

Le foible est méprisable.

NADAB.

Et le fort est injuste.

CALEB.

Retourne à tes devoirs, au Jourdain viens mourir.

NADAB.

Un peu de sable ici suffit pour me couvrir.

AARON.

Jeunes hommes, cessez; n'augmentez pas nos larmes;

Confondez vos regrets et mariez vos armes.
Vous, Caleb, de ma sœur adoucissez l'ennui :
La publique douleur me réclame aujourd'hui.
Que Dieu de ses desseins dissipe les ténèbres !
Vous, Nadab, ordonnez aux trompettes funèbres
De convoquer trois fois, dans un morne appareil,
Les princes des tribus aux tentes du conseil.

SCÈNE V.

MARIE, CALEB.

CALEB.

Exemple d'Israël, prophétesse Marie,
La source de nos pleurs n'est donc jamais tarie?
D'invisibles filets Nadab environné
D'Arzane n'a pu fuir le trait empoisonné.
Je crains encor sur lui la perverse puissance
Du dangereux ami dont il pleuroit l'absence,
De l'inique Dathan, froidement factieux,
Ennemi de Moïse et contempteur des cieux.

MARIE.

Et que fait Israël? quel espoir le soulage?

CALEB.

Ce peuple à l'esprit dur, au cœur foible et volage,
Déjà las de la gloire et de la liberté,
Regrette lâchement le joug qu'il a porté.
« Abandonnons, dit-il, ces plages désolées ;
« Retournons à Tanis, où des chairs immolées,
« Où des plantes du Nil l'Égyptien pieux

« Nourrissoit nos enfants à la table des dieux. »
Peuple murmurateur, race ingrate et perfide !

MARIE.

La terre, cher Caleb, pour le juste est aride ;
Mais il s'élève à Dieu : le palmier de Jeddiel
A ses pieds dans le sable et son front dans le ciel.

CALEB.

Des chefs séditieux, pour combattre l'audace,
Il est temps qu'au conseil j'aille prendre ma place.
Dans ce triste moment les vierges d'Israël,
Instruites par vos soins à prier à l'autel,
Pour plaindre et partager votre douleur auguste
S'avancent.

(Le chœur des jeunes filles israélites entre dans ce moment sur la scène : Caleb sort.)

MARIE, au chœur.

Approchez, postérité du juste,
Doux trésor de Jacob, par le ciel réclamé.
Désarmez du Seigneur le carquois enflammé ;
Au Père qui nous frappe, au Dieu qui nous châtie,
Présentez de vos pleurs la pacifique hostie :
Il est pour l'affligé des cantiques touchants,
Et souvent la douleur s'exprime par des chants.

SCÈNE VI.

MARIE, LE CHŒUR DES JEUNES FILLES ISRAÉLITES.

(Cette scène est en partie déclamée, en partie chantée. Le chœur est divisé en deux demi-chœurs qui se placent l'un à droite et l'autre à gauche de Marie : le premier demi-chœur tient à la main des harpes, et le second des tambours.)

PREMIER DEMI-CHOEUR.

Imitons dans nos concerts
Le pélican des déserts :
Jacob, ta gloire est passée,
Et de ton Dieu la clémence est lassée.

SECOND DEMI-CHOEUR.

Au divin Maître ayons recours ;
A ses douces lois qu'on se range ;
Qu'il soit la vigne de secours
Où le pécheur toujours vendange.
Sa grâce est au cœur pur, au cœur religieux,
Ce qu'est à nos autels un parfum précieux.

UNE ISRAÉLITE DU PREMIER DEMI-CHOEUR.

N'espérons rien, pour finir nos souffrances,
De ses bontés.

UNE ISRAÉLITE DU SECOND DEMI-CHOEUR.

A ses clartés
Nous voulons rallumer nos vives espérances.

UNE ISRAÉLITE SEULE.

Suspendons notre harpe en ces temps de regrets,
Au palmier de la solitude.
Jourdain ! fleuve espéré ! séjour de quiétude !
Mes yeux ne te verront jamais.
Où sont les cèdres superbes,
Liban, que tu devois au temple projeté ?
Jacob, de son Dieu rejeté,
Rampe, plus bas que les herbes,
Dans le lit du torrent desséché par l'été.

DEUX ISRAÉLITES.

Douloureux mystère
D'un trépas caché,
Pleurons à la terre
Moïse arraché.

Loin du frais rivage
Où fut son berceau,
L'onagre sauvage
Foule son tombeau.

ACTE I, SCÈNE VI.

LA PLUS JEUNE DES ISRAÉLITES.

Mais qui me gardera sous l'aile de ma mère ?
Moïse a disparu, Moïse étoit mon père.
O terre de Gessen ! prés émaillés de fleurs
    Où je cueillois ma parure !
Comme un jeune olivier privé d'une onde pure,
    Je languis et je meurs.

TOUT LE CHOEUR.

Dieu nourrit de ses dons l'innocente colombe,
Le juste au temps marqué sortira de sa tombe.
    D'Amalec les dieux mortels
Ne peuvent renverser les desseins éternels.

UNE ISRAÉLITE.

Ma sœur, avez-vous vu cette superbe Arzane ?
    De quel regard profane
    Elle insultoit nos autels !

UNE AUTRE ISRAÉLITE.

    Plus inconstantes que les ondes,
    Ses démarches sont vagabondes ;
Ses lèvres et son cœur pour tromper sont d'accord ;
Sa douce volupté d'amertume est suivie,
Et quand sa bouche invite à jouir de la vie,
    Ses pas nous mènent à la mort.

UNE TROISIÈME ISRAÉLITE.

De nos jeunes guerriers le prince et le modèle,
Nadab étoit auprès d'elle.

TOUT LE CHOEUR.

Ah ! fuyons, fuyons, mes sœurs,
Des passions les trompeuses douceurs !

TROIS ISRAÉLITES.

Ne vous reposez point à la source étrangère ;
Buvez l'onde de vos ruisseaux.
Qu'une épouse fidèle, à l'ombre des berceaux,
Soit plus belle à vos yeux que la biche légère.

TOUT LE CHOEUR.

Ah ! fuyons, fuyons, mes sœurs,
Des passions les trompeuses douceurs !

PREMIER DEMI-CHOEUR.

L'homme marche à travers une nuit importune.

SECOND DEMI-CHOEUR.

Attachons-nous au Dieu qui bénit l'infortune,

UNE ISRAÉLITE.

Qui sur un lit de pleurs mouillé
Retourne le mourant, soutient son front livide ;

LA PLUS JEUNE DES ISRAÉLITES.

Qui mesure le vent à l'agneau dépouillé
Par le pasteur avide.

TOUT LE CHOEUR.

Ingrats mortels, en vain vous résistez
Au Dieu qui vous conduit dans ces sublimes voies,
 Et qui d'intarissables joies
Rassasira les cœurs en son nom contristés.

MARIE.

Mes enfants, c'est assez : allez, toujours dociles,
Vous livrer au repos sous vos tentes tranquilles.
Voici l'heure pesante accordée au sommeil :
Tout se tait à présent sous les feux du soleil ;
Les vents ont expiré ; du palmier immobile
L'ombre se raccourcit sur l'arène stérile ;
L'Arabe fuit du jour les traits étincelants,
Et le chameau s'endort dans les sables brûlants.

MOÏSE.

ACTE SECOND.

ACTE SECOND.

SCÈNE PREMIÈRE.

ARZANE, NÉBÉE.

NÉBÉE.

ADAB veut vous parler dans ce lieu solitaire.
Arzane, expliquez-moi cet étonnant mystère.
Quelle joie inconnue éclate dans vos yeux !
Dormirons-nous bientôt aux champs de nos aïeux ?
Par votre ordre à Séir un moment retournée,
Je n'ai point vu d'Oreb la funeste journée ;
Mais je suis revenue au bruit de vos malheurs,
Pour vous offrir du moins le secours de mes pleurs.

ARZANE.

Qu'il en coûte, Nébée, à servir l'infortune !
Qu'un sceptre brisé pèse à l'amitié commune !
La tienne est rare et grande : oui, tu mérites bien
Que je t'ouvre mon cœur dans un libre entretien.

NÉBÉE.

J'ai su que, par Moïse à mourir condamnées,
Les femmes d'Amalec qui comptoient seize années,
Ou qui du joug d'hymen portèrent le fardeau,
Devoient livrer leur sang au glaive du bourreau.

ARZANE.

On m'arracha des rois les saintes bandelettes,
Et le malheur me mit au rang de mes sujettes.

NÉBÉE.

Ciel !

ARZANE.

Dans un parc formé par d'épineux rameaux,
Nous attendions la mort comme de vils troupeaux.
L'Hébreu vient ; on entend un long cri d'épouvante.
Déjà brilloit du fer la lumière mouvante,
Lorsque le fils d'Aaron, que la pitié combat,
Retint le glaive ardent avant qu'il retombât.
Il contemple attendri ces femmes éplorées
Qui lui tendoient de loin leurs mains décolorées.
Je paroissois surtout attirer ses regards ;
Soit qu'un habit de deuil et des cheveux épars
A ma frêle beauté prêtassent quelques charmes ;
Soit enfin qu'une reine, en répandant des larmes,

Trouve dans ses revers de nouvelles splendeurs,
Et n'ait fait seulement que changer de grandeurs.

NÉBÉE.

Nadab au doux pardon inclina ses pensées.

ARZANE.

« Femmes, vivez, dit-il : nos tribus offensées
« M'ont vainement chargé d'un devoir trop cruel,
« Et je vais implorer les anciens d'Israël. »
Coré, Sthur, Abiron, dans un conseil propice,
Firent avec Nadab suspendre mon supplice.
D'un ramas d'affranchis digne législateur,
Moïse alla chercher quelque oracle menteur.
Resté maître en ce camp, Nadab, qu'un dieu possède,
De soins officieux incessamment m'obsède :
Il m'aime, et toutefois n'ose me découvrir
Le feu qui le dévore et que j'ai su nourrir.
Aujourd'hui même enfin, par sa bouche informée
De la mort du tyran qui gourmandoit l'armée,
Ici plus longuement il veut m'entretenir,
Et de ma délivrance avec moi convenir.

NÉBÉE.

Je conçois maintenant l'espoir qui vous enflamme :
Vous êtes adorée, et l'amour dans votre âme....

ARZANE.

Non : je n'ai point trahi mes aïeux, mes revers.
Lorsque le sort me livre à ce peuple pervers,
Reine, malgré le sort je n'ai point la foiblesse
De partager les feux d'un amour qui me blesse ;
Mais je sais écouter des soupirs ennemis,
Pour sortir de l'abîme où le ciel nous a mis :
De l'odieux Jacob je troublerai la cendre.

NÉBÉE.

Arzane ! de l'amour on ne se peut défendre !

ARZANE.

Tu te trompes, Nébée, et dans mon sein ce cœur
Au nom du peuple juif ne bat que de fureur.
Faut-il te rappeler nos discordes antiques,
Des deux fils d'Isaac les haines domestiques,
Le droit du premier né si follement vendu,
Et l'innocent festin qui perdit Ésaü ?
Nous, d'un prince trahi postérité fidèle,
Lorsque nous embrassons une cause si belle,
Nous voyons triompher les ignobles drapeaux
Du gendre vagabond d'un pâtre de chameaux !

NÉBÉE.

Mais Nadab lui succède.

ARZANE.

A Nadab, à sa gloire

Mon époux doit la mort et l'Hébreu la victoire.

NÉBÉE.

Quel est votre projet, votre espoir?

ARZANE.

Me venger.

Écouter les aveux du soldat étranger ;

Feindre pour l'asservir, et par quelque artifice

Nous sauver, en poussant Jacob au précipice.

Oui, je triompherai si Nadab amoureux

Au culte d'Abraham arrache les Hébreux.

NÉBÉE.

Vous croyez donc leur Dieu puissant et redoutable?

ARZANE.

Je sais du moins, je sais qu'il est impitoyable.

Amalec autrefois déserta son autel

Lorsqu'il maudit Édom et bénit Israël.

Jaloux de son pouvoir, jamais il ne pardonne :

Il frappera Jacob, si Jacob l'abandonne.

NÉBÉE.

Nadab....

ARZANE.

Est l'ennemi du sang de mes aïeux.

NÉBÉE.

Il est sincère.

ARZANE.

Eh bien ! je le tromperai mieux.

NÉBÉE.

Il fait de vous servir sa plus constante étude ;
On vous reprochera....

ARZANE.

Poursuis !

NÉBÉE.

L'ingratitude.

ARZANE.

Non, si par le succès mes vœux sont couronnés :
On ne traite d'ingrats que les infortunés.

NÉBÉE.

Nadab....

ARZANE.

M'est odieux.

NÉBÉE.

Sa clémence....

ARZANE.

M'outrage.

NÉBÉE.

Il veut votre bonheur.

ARZANE.

Ma honte est son ouvrage.

NÉBÉE.

Il vous rendra le trône.

ARZANE.

Il m'a donné des fers.

NÉBÉE.

S'il s'attache à vos pas ?

ARZANE.

Je le mène aux enfers.

NÉBÉE.

A vos desseins secrets que je prévois d'obstacles !

ARZANE.

L'amour de la patrie enfante des miracles.
Mais j'aperçois Nadab.... Reine de la beauté,
Prête-moi ta ceinture, ô brillante Astarthé !
Donne à tous mes discours ta grâce souveraine ;
Déesse de l'amour, sers aujourd'hui la haine.
Descends ! A ton secours amène tous les dieux :
Si Jéhovah triomphe, ils tomberont des cieux.

SCÈNE II.

NADAB, ARZANE, NÉBÉE.

ARZANE.

De ses destins, Nadab, votre esclave incertaine
Accourt à votre voix près de cette fontaine....
Si par ces yeux baissés je juge de mon sort,
Je crains bien qu'Amalec ne soit pas libre encor.

NADAB.

Étrangère, il me faut vous le dire sans feinte :
Les vieillards de Caleb ont écouté la plainte.
Le conseil, à qui seul le pouvoir appartient,
Pour quelques jours encor dans ce camp vous retient.
Sans gardes cependant vous pouvez de la plage
Parcourir les sentiers et l'arène sauvage.
Dathan, dont l'amitié ne craint aucun péril,
Amène auprès de vous vos compagnes d'exil.
On vous rend des honneurs inconnus sous nos tentes,

(Dathan entre en ce moment sur la scène, suivi du chœur des jeunes filles Amalécites ; il se retire ensuite, et Nébée va se placer à la tête du chœur au fond du théâtre.)

Et bientôt au milieu des pompes éclatantes,

Rendue à vos sujets, embrassant l'avenir,
Vous perdrez de Nadab l'importun souvenir.

ARZANE.

Arzane par vos mains à la mort fut ravie,
Et d'un nouveau bienfait cette grâce est suivie !
Mon cœur reconnoissant ne peut s'exprimer mieux
Que par mon peu d'ardeur à sortir de ces lieux.

NADAB.

A ce langage adroit je ne puis me méprendre,
Vous flattez l'ennemi dont vous croyez dépendre,
Mais, nourrie à Séir pour plaire et pour aimer,
Nos farouches vertus ne peuvent vous charmer.

ARZANE.

Amalec et Jacob diffèrent de maxime,
Il est vrai : nous croyons, sans nous en faire un crime,
Qu'aimer est le bonheur, plaire un don précieux,
Et que la volupté nous rapproche des dieux.
Sous des berceaux de fleurs, nos heures fortunées
S'envolent mollement l'une à l'autre enchaînées.
Le dieu que nous servons approuve nos désirs :
Dans une île féconde, au doux chant des plaisirs,
La beauté l'enfanta sur les mers de Syrie ;
Il préside en riant aux banquets de la vie.
Pour attirer sur vous ses bienfaisants regards,

J'ai déjà, les pieds nus et les cheveux épars,
De nos rites sacrés suivant l'antique usage,
Trois fois pendant la nuit conjuré son image....
Mais n'ai-je point, Nadab, armé votre courroux?
Vous détestez le dieu que je priois pour vous.
Pardonnez à ces vœux que dans mon innocence
M'arracha le transport de la reconnoissance.

NADAB.

Qu'entends-je! Amalécite, apprenez donc mon sort.
Long-temps de mon amour je captivai l'essor;
Vous adorant toujours, mais respectant vos larmes,
Je n'aurois pas osé vous parler de vos charmes:
Un mot, dont l'homme heureux ne sent pas la valeur,
Trop souvent peut blesser l'oreille du malheur.
Quand Moïse vivoit vous aviez tout à craindre;
A cacher mon ardeur je savois me contraindre:
Aujourd'hui que le ciel pour vous se veut calmer,
Votre bonheur me rend le droit de vous aimer.

ARZANE.

Épargnez....

NADAB.

    Vous sauver changea ma vie entière!
Ce cœur, que vous avez habité la première,
Vit l'amour se lever terrible et violent

ACTE II, SCÈNE II.

Comme l'astre de feu dans ce désert brûlant.
Le repos pour jamais s'envola de mon âme;
Mon esprit s'égara dans des songes de flamme.
Abjurant la grandeur promise à nos neveux,
A l'autel des Parfums je n'offrois plus mes vœux;
Je n'allois plus, lévite innocent et modeste,
Chaque aurore au désert cueillir le pain céleste.
Dans les champs de l'Arabe, et loin des yeux jaloux,
Mon bonheur eût été de me perdre avec vous.
De toi seule connue, à toi seule asservie,
L'Orient solitaire auroit caché ma vie.
Pour appui du dattier empruntant un rameau,
Le jour j'aurois guidé ton paisible chameau;
Le soir, au bord riant d'une source ignorée,
J'aurois offert la coupe à ta bouche altérée,
Et sous la simple tente, oubliant Israël,
Pressé contre mon cœur la nouvelle Rachel.

ARZANE.

Confuse, à vos regards je voudrois disparoître;
Mais je suis votre esclave et vous êtes mon maître.

NADAB.

A qui maudit vos fers le reproche est bien dur!
Mais de vous délivrer il est un moyen sûr.
Vous connoissez du camp le trouble et les alarmes;

De la féconde Égypte on regrette les charmes ;
On veut que des tribus je conduise les pas.
Épouse de Nadab, ouvrez-nous vos états ;
D'un peuple de bannis soyez la souveraine :
Le soldat à l'instant va briser votre chaîne.

ARZANE.

Je vois Marie.

SCÈNE III.

MARIE, ARZANE, NADAB, NÉBÉE.
CHOEUR DE JEUNES FILLES AMALÉCITES.

MARIE.
Aaron n'est point ici, Nadab?

NADAB.
Il pleure le prophète au torrent de Cédab.

MARIE.
Rendez grâce au Seigneur ; sa paix nous accompagne :
Moïse reparoît sur la sainte montagne.
Cherchant partout Aaron, je cours lui répéter
Ce qu'un chef des pasteurs vient de me raconter.

SCÈNE IV.

NADAB, ARZANE, NÉBÉE ; CHŒUR DE JEUNES FILLES AMALÉCITES.

ARZANE.

Fils d'Aaron, à mon sort il faut que je succombe :
Vous me parliez d'hymen et je touche à ma tombe.

NADAB, sans écouter Arzane.

Nous allons te revoir enfin, fameux mortel,
Encor tout éclatant des feux de l'Éternel.
Honneur à tes vertus, et gloire à ton génie !

ARZANE.

Veillé-je ? dans mes maux quelle affreuse ironie !
Quoi ! Nadab, ces desseins où tous deux engagés,
Ces projets de l'amour....

NADAB.

Ils ne sont point changés.

ARZANE.

Entre Moïse et moi vous tenez la balance :
De votre passion je vois la violence.

ACTE II, SCÈNE IV.

NADAB.

Femme, je suis sans force à tes pieds abattu;
Mais ne puis-je du moins admirer la vertu?

ARZANE.

Qui pourra m'arracher de ce sanglant théâtre
Où la mort me poursuit?

NADAB.

Ce cœur qui t'idolâtre.

ARZANE.

Mais les remords viendront arrêter vos efforts.

NADAB.

Mais si je t'obéis, que te font mes remords?

ARZANE.

De ces hauts sentiments je serai la victime.

NADAB.

Laisse-moi m'enchanter d'innocence et de crime,
Connoître mes devoirs sans te manquer de foi,
Apercevoir l'abîme, et m'y jeter pour toi.

ARZANE.

Je ressens vos douleurs et n'en suis point complice.

NADAB.

Cesse de t'excuser : j'adore mon supplice,
Ma souffrance est ma joie, et je veux à jamais
Conserver la douceur du mal que tu me fais.

Hélas ! mon fol amour m'épouvante moi-même ;
Je me sens sous le coup de quelque arrêt suprême :
D'involontaires pleurs s'échappent de mes yeux ;
La nuit dans mon sommeil j'entends parler tes dieux ;
Prêt à sacrifier à leurs autels coupables ,
Je me réveille au bruit de mes cris lamentables.
Dis : n'est-ce pas ainsi, dans ses tourments divers ,
Qu'une âme est par le ciel dévouée aux enfers ?

ARZANE.

On va vous délivrer du joug de l'étrangère.

NADAB.

Des légers fils d'Agar la voix est mensongère ;
L'Arabe aime à conter : je veux sonder des bruits
Aisément élevés, plus aisément détruits.
De Moïse en ces lieux je viendrai vous apprendre
Le destin. Quel parti qu'alors vous vouliez prendre,
Contre tout ennemi prompt à vous secourir,
Arzane , je saurai vous sauver ou mourir.

(Nadab sort.)

SCÈNE V.

ARZANE, NÉBÉE, chœur de jeunes filles
amalécites.

ARZANE.

Ah ! Nébée, à ce coup je ne saurois survivre !
L'implacable destin s'attache à me poursuivre.

NÉBÉE.

Et moi, je ressentois un doux enchantement,
En écoutant des vœux si chers !

ARZANE.

Autre tourment,
Incestueux projet, effroyable à mon âme !
Je hais du fils d'Aaron et la main et la flamme.
Amalec recevoir Israël dans ses bras !
Recueillir dans mon sein une race d'ingrats !
Je légitimerois ces exécrables frères,
Qui menacent nos fils, qui trahirent nos pères,
Ces esclaves du Nil, bâtisseurs de tombeaux,
Ignobles artisans flétris par leurs travaux,
Qui, d'Égypte chassés avec tous leurs prophètes,
Proclament en tremblant d'insolentes conquêtes,

Se disent héritiers des florissants états
De cent peuples divers qu'ils ne connoissent pas !

NÉBÉE.

Sauvez, sauvez vos jours !

ARZANE.

Voudrois-tu donc, Nébée,
Aux autels de Jacob voir Arzane courbée,
Contrainte d'embrasser le culte menaçant
Du Dieu cruel qui veut exterminer mon sang?
S'il faut suivre aujourd'hui la fortune jalouse,
S'il faut que de Nadab je devienne l'épouse,
Que lui-même, parjure au culte de Nachor,
Serve avec moi Baal, et Moloch et Phogor ;
Que son hymen des Juifs brise les lois publiques ;
Qu'il me donne sa main aux autels domestiques
Des dieux de mon palais, des dieux accoutumés
A couronner les vœux contre Jacob formés !

NÉBÉE.

Du retour de Moïse on n'a pas l'assurance.
Espérons.

ARZANE.

Laisse-là ta menteuse espérance.

NÉBÉE.

L'étoile d'Astarthé paroît sur l'horizon :

ACTE II, SCÈNE V.

Pour hâter le retour du jeune fils d'Aaron,
Saluons l'astre heureux par des chants agréables.

(Le chœur des Amalécites s'avance du fond du théâtre.)

ARZANE, au chœur.

Captives, suspendez ces pleurs inépuisables.
Voici l'instant prédit où les filles d'Édom
Vont sauver d'Amalec et la race et le nom.
Nos guerriers ne sont plus, mais vous restez encore :
Formez les chœurs brillants des peuples de l'aurore.
Des femmes de Byblos répétez les soupirs ;
Du farouche Israël enflammez les désirs.
Loin d'ici la pudeur et la froide innocence !
Il nous faut des plaisirs conduits par la vengeance.
Chantez l'Amour ; c'est lui qui du Dieu d'Israël
Doit corrompre l'encens et renverser l'autel.

LE CHOEUR.

Amour, tout chérit tes mystères,
Tout suit tes gracieuses lois,
L'hirondelle au palais des rois,
L'aigle sur les monts solitaires,
Et le passereau sous nos toits.

UNE AMALÉCITE.

Ton vieux temple, entouré des peuples de la terre,
S'élève, révéré de chaque âge nouveau,

Comme au milieu d'un champ la borne héréditaire,
Ou la tour du pasteur au milieu du troupeau.

LE CHOEUR.

Amour, tout chérit tes mystères,
Tout suit tes gracieuses lois,
L'hirondelle au palais des rois,
L'aigle sur les monts solitaires,
Et le passereau sous nos toits.

UNE AMALÉCITE.

Invoquons du Liban la déesse charmante.
De nos longs cheveux d'or que la tresse élégante
Tombe en sacrifice à l'Amour.
Soulevons les enfers, répétons tour à tour
Du berger chaldéen la parole puissante.

UNE AUTRE AMALÉCITE.

Qui méprise l'Amour, dans ses fers gémira.

DEUX AMALÉCITES.

De prodiges divers l'Amour remplit l'Asie,
Il embauma l'Arabie
Des pleurs de la tendre Myrrha ;
Du pur sang d'Adonis il peignit l'anémone :
Fleur des regrets, symbole du plaisir,
Elle vit peu de temps ; et le même zéphyr
La fait éclore et la moissonne.

UNE AMALÉCITE.

Prenons notre riche ceinture,
Nos réseaux les plus fins, nos bagues, nos colliers :
Vengeons aujourd'hui nos guerriers;
Les remparts et les boucliers
Sont vains contre l'Amour dans toute sa parure.

LE CHOEUR.

Que dit à son amant, de plaisir transporté,
Cette prêtresse d'Astarthé
Qui voudroit attirer le jeune homme auprès d'elle,
Et lui percer le cœur d'une flèche mortelle?

UNE AMALÉCITE.

CHANT DE LA COURTISANE.

« Beau jeune homme, dit-elle, arrête donc les yeux
« Sur la tendre Abigail, que ta froideur opprime.
 « Je viens d'immoler la victime,
  « Et d'implorer la faveur de nos dieux.

  « Viens, que je sois ta bien-aimée.
« J'ai suspendu ma couche en souvenir de toi ;
   « D'aloës je l'ai parfumée.
« Sur un riche tapis je recevrai mon roi ;
« Dans l'albâtre éclatant la lampe est allumée ;
« Un bain voluptueux est préparé pour moi.

« L'époux qu'on a choisi, mais qui n'a pas mon âme,
« Est parti ce matin pour ses plants d'oliviers :
   « Il veut écouler ses viviers,
   « Sa vigne ensuite le réclame.
« Il a pris dans sa main son bâton de palmier,
« Et mis deux sicles d'or dans sa large ceinture ;
« Il ne reviendra point que de son orbe entier
   « L'astre des nuits n'ait rempli la mesure.

   « Tandis qu'en son champ il vendange,
   « Enivrons-nous de nos désirs.
« De tant de jours perdus qu'un jour heureux nous venge :
   « Il n'est de bon que les plaisirs. »

DEUX AMALÉCITES.

O filles d'Amalec ! si par un tel langage
   De nos tyrans nous embrasions les cœurs,
Nous verrions à nos pieds cette race sauvage,
Et les vaincus deviendroient les vainqueurs !

LES MÊMES AVEC UNE TROISIÈME AMALÉCITE.

Arzane, lève-toi dans l'éclat de tes larmes !
   Triomphe par tes charmes !
Que l'amour sur ton front s'embellissant encor
Attaque des Hébreux les princes redoutables,
Et livre tout Jacob à nos dieux formidables.

ACTE II, SCÈNE V.

LE CHOEUR.

Baal, Moloch et Phogor !

ARZANE.

Nadab ne revient pas. Déjà la lune éclaire
Des rochers du Sina le sommet solitaire :
De la garde du camp on voit briller les feux.

(Au chœur.)

Retournez vers Jacob ; mêlez-vous à ses jeux ;
Pour subjuguer son cœur faites briller vos grâces.

(A Nébée.)

Et toi du fils d'Aaron cherche et poursuis les traces :
J'attendrai ton retour auprès des pavillons
Où depuis si long-temps dans les pleurs nous veillons.

MOÏSE.

ACTE TROISIÈME.

ACTE TROISIÈME.

SCÈNE PREMIÈRE.

MOÏSE, seul.

(Il fait nuit; on voit à la clarté de la lune Moïse qui descend du mont Sinaï, portant les Tables de la loi. Il s'avance vers le bocage de palmiers, et dépose les Tables de la loi au tombeau de Joseph.)

Sur ces tableaux divins la main de l'Éternel
Grava toutes les lois du monde et d'Israël.
O toi qui déroulas tous les cieux comme un livre,
Qui détruis d'un regard et d'un souffle fais vivre,
Qui traças au soleil sa course de géant,
Qui d'un mot fis sortir l'univers du néant !
Dis, par quelle bonté, maître de la nature,
Tu daignois t'abaisser jusqu'à ta créature,
Et parler en secret à mon cœur raffermi
Comme un ami puissant cause avec son ami.
Depuis que je t'ai vu dans les feux du tonnerre,
Je ne puis attacher mes regards à la terre,

Et mon œil cherche encor, frappé de ta splendeur,
Dans ce beau firmament l'ombre de ta grandeur.

(Moïse s'assied sur une pierre auprès du tombeau de Joseph.)

Avant de me montrer à la foule empressée,
Je veux de nos tribus connoître la pensée :
Josué, descendu par un chemin plus court,
Doit avoir à mon frère annoncé mon retour ;
Attendons sous cette ombre au conseil favorable
Du grand Melchisédech l'héritier véritable.

(Il regarde quelque temps le camp en silence.)

Qu'avec un doux transport je vois ce camp tranquille,
D'un peuple fugitif unique et noble asile !
Peuple que j'ai sauvé, que je porte en mon cœur,
De tous tes ennemis sois à jamais vainqueur.
Servant au monde entier de modèle et d'exemple,
Garde du Tout-Puissant la parole et le temple.
Séparé par ta loi, ton culte, tes déserts,
Du reste corrompu de ce vaste univers,
O Jacob ! sois en tout digne du droit d'aînesse.
Je veux, en dirigeant ta fougueuse jeunesse,
En profitant du feu de ton esprit hautain,
Te forger en un peuple et de fer et d'airain.
Ouvrage des mortels, et prompt à se dissoudre,
Les empires divers rentreront dans la poudre ;

ACTE III, SCÈNE I.

Toi seul subsisteras parmi tous ces débris ;
Les ruines du temps t'offriront des abris ;
En te voyant toujours, les races étonnées
Iront se racontant tes longues destinées,
Et se montrant du doigt ce peuple paternel
Que Moïse marqua du sceau de l'Éternel !

Mais, Jacob, pour monter où le Seigneur t'appelle,
Il faut à ses desseins n'être jamais rebelle :
Sous le courroux du ciel tu pourrois succomber,
Et la foudre est sur toi toujours prête à tomber.
Prions pour ton salut tandis que tu sommeilles.

(Il se lève et étend ses bras vers le ciel.)

Dieu de paix !....

(On entend des sons lointains de musique, et des bruits de danses.)

Mais quel son vient frapper mes oreilles ?
Ce n'est point là le cri du belliqueux soldat
Qui chante Sabaoth en courant au combat.
Je reconnois l'accent d'une race coupable.
Quel noir pressentiment et me trouble et m'accable ?
Aaron sous ces palmiers est bien lent à venir.
Fidèle Josué, qui te peut retenir ?
Laissons à ce tombeau ces Tables tutélaires.
Marchons.... Qui vient ici ?

SCÈNE II.

NADAB, MOÏSE.

NADAB, *sans voir Moïse, qui reste appuyé sur le tombeau de Joseph.*

Ces lieux sont solitaires.
Elle est rentrée au camp..... Oui, j'aurai trop tardé.
Le retour de Moïse est un bruit hasardé,
D'un Arabe menteur la nouvelle incertaine.
(Il avance au bord de la scène, et demeure quelque temps en silence.)
Que mon sein oppressé se soulève avec peine !
Que cet air est brûlant ! Pour achever son tour,
La nuit semble emprunter le char ardent du jour.
Image de mon cœur, cette arène embrasée
Reçoit en vain du ciel la bénigne rosée.
(Autre silence.)
Ici de la beauté j'entendis les accents.
Sur sa trace de feu qu'on répande l'encens !
Qu'on l'adore !... Où m'emporte une imprudente ivresse ?
On n'a point jusqu'ici couronné ma tendresse :

Si j'étois le jouet de quelque illusion !
Connoissons notre sort.

(Il va pour rentrer au camp : en passant devant le bocage de palmiers, il aperçoit Moïse.)

O sainte vision !
N'est-ce pas de Joseph l'ombre majestueuse ?
Viens-tu me consoler ? Que ta voix vertueuse
Des chagrins de mon cœur adoucisse le fiel,
Et donne-moi la paix que tu goûtes au ciel.

MOÏSE, sans quitter le tombeau.

Le ciel des passions n'entend point la prière.

NADAB.

Moïse !

MOÏSE, descendant du tombeau.

C'est lui-même.

NADAB.

En touchant la poussière,
Prophète du Seigneur, je m'incline à vos pieds,
Et baisse devant vous mes yeux humiliés.

MOÏSE.

De quelque noir chagrin votre âme est agitée.

NADAB.

Le camp, qui déploroit votre mort racontée,
Vouloit mettre en mes mains un dangereux pouvoir.

MOÏSE.

Eh bien! qu'avez-vous fait?

NADAB.

J'espérois vous revoir.

MOÏSE.

Et n'avez-vous, Nadab, rien de plus à m'apprendre?

NADAB.

Sans doute ici bientôt les vieillards se vont rendre.

(On entend la musique du camp.)

MOÏSE.

Vous me dites, Nadab, que les tribus en deuil
Gémissent sur le sort de Moïse au cercueil;
Et j'entends les concerts, horribles ou frivoles,
Dont les fils de Baal fatiguent leurs idoles.
Qui produit ces clameurs? qui peut y prendre part?

NADAB.

Nos captives souvent, assises à l'écart,
Aiment à répéter les hymnes de leurs pères.

MOÏSE.

Des captives ici? des femmes étrangères?
Arzane n'a donc pas satisfait au Seigneur?
Elle vit; et peut-être, écoutant votre ardeur,
Elle reçoit ces vœux sortis d'une âme impure,

Dont le vent de la nuit m'apportoit la souillure
Jusqu'au chaste tombeau du pudique Joseph.

NADAB.

Des Hébreux triomphants le magnanime chef
Craindroit-il une femme esclave de nos armes,
Qui mange un pain amer détrempé de ses larmes?
Sur le compte des grands je ne suis pas suspect :
Leurs malheurs seulement attirent mon respect.
Je hais le Pharaon que l'éclat environne ;
Mais s'il tombe, à l'instant j'honore sa couronne ;
Il devient à mes yeux roi par l'adversité.
Des pleurs je reconnois l'auguste autorité.
Courtisan du malheur, flatteur de l'infortune,
Telle est de mon esprit la pente peu commune :
Je m'attache au mortel que mon bras a perdu,
Et je voudrois sauver la race d'Ésaü.

MOÏSE.

Vous, sauver d'Astarthé la nation flétrie !
Regarder sans horreur l'infâme idolâtrie,
Quand j'apporte aux Hébreux les lois de Jéhovah !
Sur ce marbre sacré lui-même les grava,
Lisez : l'astre des nuits vous prête sa lumière.

NADAB, lisant.

N'ADORE QU'UN SEUL DIEU.

MOÏSE.

              Telle est la loi première.
Et vous seul, immolant l'avenir d'Israël,
De cet unique Dieu renversez-vous l'autel?
Jacob, trahirois-tu tes hautes destinées?
Ne veux-tu point, courbé sous le poids des années,
T'avancer sur la terre, antique voyageur,
Pour apprendre aux humains le grand nom du Seigneur?
Tu portes dans tes mains ce livre salutaire
Où je traçai de Dieu le sacré caractère :
Contrat original, titre où l'homme enchanté
Retrouvera ses droits à l'immortalité.
L'infidèle Jacob perdroit son rang suprême!
Mais entrons dans ce camp; voyons tout par nous-même.

NADAB.

Arrêtez!

MOÏSE.

      Et pourquoi?

NADAB.

              Pour soustraire au danger
Des jours qu'au prix des miens je voudrois protéger.

MOÏSE.

Vous!

NADAB.

    Je dois l'avouer....

ACTE III, SCÈNE II.

MOÏSE.

Eh bien?

NADAB.

Dans votre absence
Le camp, s'abandonnant à l'aveugle licence,
A rejeté vos lois.

MOÏSE.

Par Jacob annoncé,
Dieu! ne retranche point l'avenir menacé!

NADAB.

Écoutez un moment.

MOÏSE.

Laisse-moi, téméraire!
J'ai prévu ta foiblesse, Aaron! malheureux frère,
Qu'as-tu fait?

NADAB.

Permettez que je guide vos pas.

MOÏSE.

Non : j'affronterai seul tes coupables soldats;
Demeure, ou va plutôt, car j'entrevois ton crime;
Dans son bercail impur va chercher la victime
Dont le sang répandu peut encor te sauver.

NADAB.

Ne vous obstinez pas, Moïse, à tout braver.
J'irai vous annoncer aux troupes alarmées.

MOÏSE.

Tu n'es plus le soldat du Seigneur des armées.

NADAB.

Vous repoussez mon bras?

MOÏSE.

Qu'ai-je besoin de toi?
L'Ange exterminateur marchera devant moi.

(Moïse sort.)

SCÈNE III.

NADAB, seul.

Moi, livrer aux bourreaux une femme éplorée !
Que plutôt par l'enfer mon âme dévorée....

SCÈNE IV.

NADAB, ARZANE.

ARZANE.

N'espérant plus, Nadab, votre prochain retour,
J'avois quitté ces lieux avec la fin du jour :
Vainement sur vos pas j'ai fait voler Nébée.
Dans mes pensers amers tristement absorbée,
J'ai mouillé quelque temps ma couche de mes pleurs :
La nuit, en accroissant mes nouvelles douleurs,
A redoublé ma crainte, et je suis revenue
Aux bords où, je le vois, vous m'avez attendue.

NADAB.

Arzane, de nos jours le sort est éclairci :
Avec moi, dans l'instant, Moïse étoit ici.

ARZANE.

Ici ! quelle fureur sera bientôt la sienne !

NADAB.

Il menace déjà votre vie et la mienne.

ARZANE.

Eh bien ! que ferez-vous ?

NADAB.

Ce que j'avois promis.
Devenez mon épouse, et mes nombreux amis,
Annonçant aux soldats la fertile Idumée,
Rangeront à vos pieds le conseil et l'armée.
Je ferai plus : il faut à la fille d'Édom
Un époux revêtu des pompes de Sidon.
Demain, pour égaler l'honneur de ma conquête,
L'huile sainte des rois coulera sur ma tête.
Donnez par votre amour une âme à mes projets,
Et j'abaisse Moïse au rang de mes sujets.

ARZANE.

(A part.) (Haut.)

Ciel ! le dessein est grand ! je le pense moi-même ;
Il n'est pour nous, Nadab, d'abri qu'au rang suprême.
Mais mesurez la cime avant que d'y monter ;
Dans l'arène glissante où vous voulez lutter,
En songeant au succès, prévoyez la défaite.
Pourrez-vous étouffer la voix d'un vieux Prophète,
Parlant au nom des Cieux à des hommes tremblants,
Dans l'imposant éclat de ses longs cheveux blancs ?

NADAB.

Si vous m'aimez, alors tout me sera facile.

ARZANE.

Voulez-vous d'un esprit aussi ferme qu'habile
D'un pouvoir souverain créer les éléments?
De la foi d'Israël changez les fondements.
Si le peuple, poussé vers des dieux qu'il appelle,
Est plus que vous encore à Moïse rebelle,
Les Juifs, craignant ce chef implacable et jaloux,
Pour se sauver de lui se donneront à vous.
Tout indique à vos yeux la route qu'il faut suivre :
Onze de vos tribus aujourd'hui veulent vivre
Sous le dieu d'Amalec : secondez leurs efforts.
Dans cette Arche nouvelle enfermez des ressorts;
A des miracles feints opposez des miracles;
Comme Moïse, ayez des prêtres, des oracles,
Et bientôt le soleil vous verra dans ces lieux
Le pontife et le roi d'un peuple glorieux.

NADAB.

Nadab, lâche apostat! Arzane en vain l'espère!
Vous-même chérissez les dieux de votre père :
Si je vous proposois aussi de les quitter?

ARZANE.

Quand auprès d'Astarthé je voudrois m'acquitter
Des tendres et doux vœux que son culte réclame,
La foiblesse me sied : et que suis-je ? une femme !

Mais un homme au-dessus des vulgaires mortels
Prend conseil de sa gloire et choisit ses autels.
Votre Dieu vous menace et sa loi vous condamne :
Vous ne pouvez régner que par le dieu d'Arzane.
Régnez sur elle ; allez au premier feu du jour
Chercher votre couronne au temple de l'Amour,
Et tandis qu'Amalec frappera la victime,
Vous offrirez des fleurs : ce n'est pas un grand crime.

NADAB.

O magique serpent ! décevante beauté,
Par quels secrets tiens-tu tout mon cœur enchanté ?
Es-tu fille d'Enfer ou des Esprits célestes ?
Réponds-moi !

ARZANE.

Du malheur je suis les tristes restes.
Suppliante à vos pieds, sans trône et sans époux,
Je n'ai d'autre soutien ni d'autre espoir que vous.

NADAB.

C'en est fait : il le faut ! A toi je m'abandonne !
Qu'importe le poison quand ta main me le donne ?
Mais en goûtant au fruit, présent de ton hymen,
Du moins entre avec moi sous les berceaux d'Éden,
Ève, trop séduisante, au jardin des délices
Que nos félicités précèdent nos supplices !

ACTE III, SCÈNE IV.

Tu ne m'as point encor révélé tes secrets,
Et même en ce moment tes regards sont muets.
Un mot peut tout fixer dans mon âme incertaine.
Dis : ai-je mérité ton amour ou ta haine?
Si tu l'aimes, Nadab est prêt à s'immoler.

ARZANE.

Que faire?

NADAB.

Explique-toi.

ARZANE.

Je ne saurois parler.

NADAB.

M'aimes-tu? M'aimes-tu, divine Amalécite?

ARZANE.

Ma voix s'éteint....

NADAB.

Promets à ce cœur qui palpite
Que demain à l'autel....

ARZANE.

A l'autel de mes dieux?....

NADAB.

O douleur!

ARZANE, à part.

En formant un hymen odieux
Du moins perdons Jacob.

NADAB, à part.

Dans ta juste colère
Ne te souviens, Seigneur, que d'Abraham mon père..
(A Arzane.)
Achevons!

ARZANE.

Vous m'aimez?

NADAB.

Ah! cent fois plus que moi,
Puisqu'aux feux éternels je me livre pour toi!

ARZANE.

Vous dites que demain au lever de l'aurore,
A l'autel de mes dieux....

NADAB.

Je n'ai rien dit encore.

ARZANE.

Je mourrai donc!

SCÈNE V.

NÉBÉE, ARZANE, NADAB.

NÉBÉE, accourant précipitamment.

Fuyez! le péril est pressant :
Tout prend autour de vous un aspect menaçant.
Je veillois près d'ici dans mon inquiétude,
Quand j'ai vu s'avancer vers cette solitude,
A pas lents et légers, Caleb avec Lévi.
De cent prêtres armés ce cruel est suivi ;
Leurs yeux sinistrement étincellent dans l'ombre ;
Ils se parlent tout bas d'une voix triste et sombre.
J'ai surpris quelques mots de leur noir entretien ;
De vous donner la mort, ils cherchent le moyen.

NADAB.

Contre vos jours, Arzane, un lévite conspire?
Tout est fini ; demain je vous rends votre empire.
De Pharaon vaincu prenez le plus beau char ;
Des soldats éblouis enchantez le regard.
Je vous déclarerai mon épouse adorée ;
Du sceptre d'Ésaü vous serez décorée.

D'Édom et de Jacob que les dieux fraternels
Soient enfin encensés sur les mêmes autels.

(Arzane et Nébée sortent par un côté du théâtre ; Nadab les suit de loin pour les protéger contre les lévites, qui entrent sur la scène du côté opposé : il s'arrête quand Arzane a disparu, et parle aux lévites du fond du théâtre.)

SCÈNE VI.

NADAB, CALEB, CHOEUR DE LÉVITES.

NADAB.

Lévites ! je me ris de vos sourdes pratiques ;
Je brave vos poignards et crains peu vos cantiques.
Vous m'y forcez ; je vais aussi porter des coups :
Que le crime et la honte en retombent sur vous !

SCÈNE VII.

CALEB, CHOEUR DE LÉVITES.

UN LÉVITE.

Quel reproche insensé! quelle voix! Ce profane
Ne craint plus d'annoncer ses projets pour Arzane.

CALEB.

Josué m'avoit dit que notre auguste chef
Devoit attendre Aaron au tombeau de Joseph;
Je venois avec vous lui porter nos épées,
Au sang de l'ennemi plus d'une fois trempées :
Mais déjà dans le camp il aura pénétré.

LE MÊME LÉVITE.

Au négligent pasteur l'aigle enfin s'est montré.

CALEB.

Adultère Israël, dans ton brutal caprice,
Tu désertes d'Abel l'innocent sacrifice,
Et, cessant d'immoler la colombe et l'agneau,
Du meurtrier Caïn tu rejoins le troupeau!
Vous, par qui l'esprit saint s'explique et prophétise,
Prêtres sacrés! avant d'aller trouver Moïse,

Que l'ange du Seigneur, dans ce ciel de saphirs,
Porte jusqu'au Très-Haut nos chants et nos soupirs.
La lune est au milieu de sa belle carrière,
Et c'est l'heure où des nuits nous offrons la prière.

CALEB.

PRIÈRE.

 Dieu, dont la majesté m'accable,
 Pure essence, divine ardeur,
 Qui peut comprendre la grandeur
 De ton nom incommunicable?

 Je me retire à ta lumière,
 Au tabernacle de ta loi :
 Des nuits où nous veillons pour toi,
 C'est peut-être ici la dernière.

 Si nous tombons dans les tempêtes
 Qu'excitent de noirs assaillants,
 Nous dormirons près des vaillants
 Un glaive placé sous nos têtes.

Mais que plutôt par toi nos bras soient affermis,
 Et de tes saints dissipe les alarmes ;
Par la bride et le mors dompte tes ennemis.

LES LÉVITES, tirant leurs épées, qu'ils élèvent vers le ciel
en fléchissant le genou.

Bénis nos armes!

CHŒUR DES LÉVITES.

CHANT NOCTURNE.

Les cieux racontent la gloire
Du souverain Créateur;
La nuit garde la mémoire
Du sublime ordonnateur
Qui fit camper sous ses voiles
Cette milice d'étoiles
Dont les bataillons divers,
Dans leur course mesurée,
Traversent de l'empirée
Les magnifiques déserts.

UN LÉVITE.

Le soleil élevant sa tête radieuse,
Ferme de ce grand chœur la marche harmonieuse :
Ainsi, de l'autel d'or franchissant le degré,
Un pontife éclatant et consomme et termine
     Une pompe divine
Dans un temple superbe au Seigneur consacré.

LE PLUS JEUNE DES LÉVITES.

Image de la mort du juste,
Douce nuit où du ciel éclate la beauté,
Se peut-il que l'impie en son iniquité
Profane ton silence auguste?

(On entend la musique du camp.)

UN LÉVITE.

Ah! quels horribles sons s'échappent de ce lieu!
Oh! de l'enfer détestable puissance!
Dans ce camp perverti c'est Baal qu'on encense,
Ici nous prions le vrai Dieu!

(Moment de silence, pendant lequel on entend une seconde fois la musique du camp.)

UN AUTRE LÉVITE.

Méchants! votre hymne criminelle
De la nuit des enfers ranime tous les feux :
Vous invoquez Satan, qu'il exauce vos vœux!
Tombez dans la nuit éternelle!

(Nouveau silence et musique du camp.)

UN TROISIÈME LÉVITE.

Ah! retournez plutôt à vos devoirs,
Esclaves malheureux des femmes étrangères.

LE PLUS JEUNE DES LÉVITES.

Prions pour eux, ce sont nos frères :
Ils ont bu comme nous le vin de nos pressoirs,
Et sucé le lait de nos mères !

PRIÈRE GÉNÉRALE, prononcée par Caleb.

N'écoute point dans ta colère,
O Dieu ! le cri de ces infortunés ;
Prends pitié de leurs nouveau-nés ;
Donne la paix à leur misère.

Que le bruit des astres roulants
Te rende sourd aux clameurs de l'impie,
Et n'entends que la voix qui prie
Pour le péché de tes enfants.

La fraîche et brillante rosée,
Au bord des flots les tamarins en fleur,
Le vent qui, perdant sa chaleur,
Glisse sur la mer apaisée ;

Tout rit : du firmament serein
S'ouvre à nos yeux le superbe portique :

O Dieu ! sois doux et pacifique
Comme l'ouvrage de ta main !

MOÏSE.

ACTE QUATRIÈME.

ACTE QUATRIÈME.

SCÈNE PREMIÈRE.

MOÏSE, AARON, DATHAN, vieillards et chefs d'Israël.

MOÏSE.

Terre, frémis d'horreur ! Pleurez, portes du ciel !
Sur la fleur de Juda l'enfer vomit son fiel.
La maison de Jacob, par Nadab corrompue,
Aux princes des démons ici se prostitue ;
Et déjà, consultant les devins et les sorts,
Rugit devant ses dieux comme au festin des morts.

AARON.

Moïse, ma douleur à la vôtre est égale.
Sitôt que Josué, dans cette nuit fatale,
Est venu m'annoncer votre étonnant retour,
J'ai rassemblé ces chefs, et par un long détour,

Choisissant avec eux les routes les plus sombres,
Je vous ai rencontré seul, errant dans les ombres.
Daignez me pardonner si, malgré mes efforts,
J'ose vous ramener à ces tranquilles bords.
Le conseil des vieillards, comme moi, vous conjure
D'éviter d'Amalec la faction impure.
Vos jours sont menacés ! A des hommes ingrats
La nuit qui règne encore a dérobé vos pas :
Que de périls divers pour mon fils et mon frère !

MOÏSE.

Ne pleurez pas sur moi ; pleurez d'un cœur sincère
Sur ce peuple infecté du poison de l'erreur,
Et que Dieu va punir dans toute sa fureur.
Profitez, ô vieillards ! du moment qui vous reste,
Et détournez Nadab de son projet funeste.

UN VIEILLARD.

Hélas ! nous voudrions secourir Israël,
Mais Dieu même a rompu son pacte solennel.

MOÏSE.

Peuple de peu de foi ! vous doutez des oracles !
Vos yeux ont oublié l'éclat de cent miracles !
Dieu vous semble impuissant dans vos dégoûts amers,
Et du haut de ce roc on aperçoit les mers

Naguère sous vos pas par Moïse entr'ouverts,
Et de la manne encor vos tentes sont couvertes !
Seigneur ! ils ont osé murmurer contre toi,
Te trahir à l'instant où j'apportois la loi
Qui promet à Jacob une terre féconde,
Le sceptre à ses enfants et le Sauveur au monde !

AARON.

Béni soit l'Éternel qui ne trompe jamais !

DATHAN.

Et pourquoi donc ce Dieu, si prodigue en bienfaits,
Égare-t-il nos pas au désert où nous sommes ?

MOÏSE.

Pour t'enseigner les maux et les vertus des hommes ;
Pour former aux combats nos foibles légions
Dans le mâle berceau de l'aigle et des lions.
Toi qui jusqu'au Très-Haut veux porter ton délire,
T'assieds-tu près de lui dans le céleste empire ?
Vis-tu le Créateur dans les premiers moments
De ce vaste univers creuser les fondements,
Des vents et des saisons mesurer la richesse,
Et jusque sous les flots promener sa sagesse ?
Des portes de l'abîme as-tu posé le seuil ?
As-tu dit à la mer : « Brise ici ton orgueil ? »

Misérable Dathan ! quoi ! vermisseau superbe,
Tu veux comprendre Dieu quand tu rampes sous l'herbe !
Admire et soumets-toi : le néant révolté
Peut-il dans ses desseins juger l'éternité ?

UN CHEF.

J'entends des pas ; vers nous quelqu'un se précipite.

AARON.

Qui s'avance ? Est-ce toi, mon fils ?

UN VIEILLARD.

C'est un lévite.

SCÈNE II.

LES PRÉCÉDENTS, UN LÉVITE.

LE LÉVITE.

Interprète du Ciel, confident d'Éloë,
Moïse, je vous cherche : au nom de Josué,
Du progrès de nos maux j'accours pour vous instruire.
L'ouvrage de vos mains est prêt à se détruire ;
Le camp vous a proscrit, et ces chefs assemblés,
S'ils reviennent à vous, seront tous immolés.
Marie, avec Caleb, retirés vers l'oracle,
S'efforcent de sauver le sacré tabernacle.
Ici même l'aurore et le nouveau soleil
Des noces de Nadab mèneront l'appareil :
Une idole y sera brillante et parfumée,
Et soudain les tribus marchent vers l'Idumée.
Déjà l'on a donné le signal du départ ;
On abaisse la tente, on lève l'étendard ;
Et le lâche Israël, que corrompent des traîtres,
Va fuir en reniant le Dieu de ses ancêtres.

LES VIEILLARDS, à Moïse immobile, qui commence à sentir l'inspiration.

O Moïse !

AARON.

Il redit l'oracle du saint lieu,
Et pour l'homme attentif il est l'écho de Dieu !

LES VIEILLARDS.

Écoutons !

MOÏSE, inspiré.

Anathème à ta race volage !
Jacob ! si par tes mains tu te fais une image !
Que maudit soit ton champ, ton pavillon, ton lit,
Et que sur Gelboë ton figuier soit maudit :
Tombant dans l'avenir d'abîmes en abîmes,
De malheurs en malheurs et de crimes en crimes,
Un jour on te verra couronner tes forfaits
En égorgeant l'Agneau descendu pour la paix.
Alors, peuple proscrit dispersé sur la terre,
Tu traîneras partout ta honte et ta misère ;
Tu viendras pauvre et nu, enfant déshérité,
Pleurer sur les débris de ta triste cité,
Dans ces débris épars trouver pour ton supplice
D'un Dieu ressuscité la tombe accusatrice,

ACTE IV, SCÈNE II.

Et mourir de douleur près du seul monument
Qui n'aura rien à rendre au jour du jugement.

LES VIEILLARDS.

Ciel !

AARON.

Arrachons Nadab à son indigne flamme.
Je l'ai fait appeler pour attendrir son âme ;
Sans doute il va venir, il m'obéit encor.
(A Moïse.)
Prêtez-moi de vos vœux le fraternel accord ;
Brisez de Jéhovah la flèche dévorante ;
Éteignez le courroux dans sa droite fumante.
Vous avez comme moi de chers et doux liens ;
Pensez à vos enfants, vous prîrez pour les miens.

MOÏSE.

Il reste au Tout-Puissant une tribu fidèle,
Je vais m'y réunir ; je marche où Dieu m'appelle.

AARON.

Prophète, que Nadab ne soit pas condamné !
Si mon fils est coupable, il est infortuné.

MOÏSE.

Vous allez voir Nadab ; eh bien, qu'il se repente,
Que du chemin du crime il remonte la pente.
Ce qu'il dénie au Ciel, tâchez de l'obtenir ;

J'attendrai vos succès pour régler l'avenir.

Adieu. Lévites saints, je vous porte ces Tables,

Que souilleroient ici des hommes détestables.

(Il prend les Tables de la loi au tombeau de Joseph, et s'éloigne, suivi du lévite.)

DATHAN, aux vieillards.

Et nous, sans redouter sa menace et ses cris,

De l'union d'Arzane acceptons le haut prix.

(Il sort avec les chefs et les vieillards.)

SCÈNE III.

AARON, seul.

Tout fuit! Moment affreux! La céleste colère

Me laisse seul chargé du destin de la terre.

Pourrai-je triompher d'un amour criminel?

Sauverai-je mon fils, en sauvant Israël?

O Père des humains, inspire ma tendresse!

SCÈNE IV.

AARON, NADAB.

NADAB, *parlant à des soldats qu'on ne voit pas.*

Fidèles compagnons que mon sort intéresse,
Je ne crains plus ici les prêtres conjurés;
N'allez pas plus avant; vous, Ruben, demeurez.

AARON.

Approche, infortuné; dans le sein de ton père
Viens confesser ta faute et cacher ta misère.

NADAB.

Ciel, qui savez mes maux, fortifiez mon cœur!
  (A Aaron.)
Vous me désirez voir?

AARON.

　　　　　　　Ferois-tu mon malheur,
Toi, dont j'ai soutenu la paisible jeunesse?
Instruisant ton berceau, protégeant ta foiblesse,
C'est moi qui le premier t'appris le divin nom
Du Dieu que tu trahis pour la fille d'Édom.
Non, mon fils bien aimé n'est point inexorable;
Il m'entendra.

NADAB.

Aaron, votre bonté m'accable.
Craignez mon désespoir ; ne me commandez pas
De conduire aujourd'hui mon Arzane au trépas.

AARON.

Tu peux aimer encor cette femme étrangère ?

NADAB.

Comme en ses jeunes ans vous aimâtes ma mère.
Me condamnerez-vous ?

AARON.

Je te plains seulement ;
Je te viens consoler dans ton égarement.
Quel mortel ne fut point éprouvé dans sa vie ?
Chaque jour, à nos cœurs une joie est ravie :
J'ai vu mourir ta mère, et plein de mes regrets,
Du Seigneur en pleurant j'adore les décrets.
Sache donc, s'il le faut, pour t'épargner un crime,
Souffrir que le ciel rompe un nœud illégitime.

NADAB.

Ma parole est liée.

AARON.

Aurois-tu donc promis
D'abandonner ton Dieu, Moïse et tes amis ?

ACTE IV, SCÈNE IV.

NADAB.

J'ai promis de sauver celle qu'on a proscrite.

AARON.

Ainsi ton cœur se tait quand je le sollicite.

NADAB.

Ne cherchez plus le fils sorti de votre sang.
Un noir feu me consume et s'attache à mon flanc,
J'offre de tous les maux l'assemblage bizarre ;
Je pleure, je souris, et ma raison s'égare ;
Je touche également aux vertus, aux forfaits ;
Des sépulcres, la nuit, je viole la paix ;
Altéré de combats, quelquefois j'en frissonne.....
J'irois du Roi des rois attaquer la couronne !
Puis, reprenant soudain des sentiments plus doux,
Je songe à votre peine et je gémis sur vous.
Long-temps dans ce chaos je tourne, je me lasse.
Enfin, quand mon délire et s'apaise et s'efface,
Dans mon cœur éclairé d'un tendre et nouveau jour,
Je ne retrouve plus que mon funeste amour.

AARON.

Formidable peinture ! étrange frénésie !
Serois-tu donc, Nadab, la victime choisie ?
Reviens, prodigue enfant, à tes champs nourriciers.
Si le ciel te frappoit, parjure à tes foyers !

Sur ma tête plutôt que ton péché retombe.
Moi, marqué pour la mort, je creuserois la tombe
De cet enfant chéri dont les saintes douleurs
A mon dernier linceul réservoient quelques pleurs !
Jeune guerrier, ma main desséchée et débile
Viendroit t'ensevelir dans ce sable stérile !
Mes os, à ce penser, ont tressailli d'effroi.
Dieu d'Abraham, Dieu fort, Dieu bon, épargne-moi !
Ne me demande pas, souveraine Justice,
Même pour m'éprouver, un cruel sacrifice ;
Je me dirois toujours, tremblant et peu soumis :
« Si l'ange va tarder, que deviendra mon fils ? »
Je n'ai point, j'en conviens, la fermeté d'un père ;
J'ai plutôt la foiblesse et le cœur d'une mère.
Rachel pleura ses fils au tombeau descendus ;
Rien ne la consola, parce qu'ils n'étoient plus.

NADAB.

Père compatissant !

AARON.

Enfant de ma tendresse,
N'es-tu pas le soleil qui charme ma vieillesse ?
La lumière du jour, le doux rayon des cieux,
Qui réchauffe mon cœur, qui réjouit mes yeux ?
Si Nadab à ton joug, Seigneur, est indocile,

Tout homme est ton ouvrage, et tout homme est fragile.
Dans ta miséricorde attends le criminel.
O Dieu! sois patient : n'es-tu pas éternel?

NADAB.

Malheur à moi! d'Aaron je vois couler les larmes!
Il faut de l'étrangère oublier tous les charmes.
Mon père, entre tes bras recueille ton enfant :
Sur ton paisible sein presse mon sein brûlant;
Que j'y trouve un asile, et que dans la tempête
Tes bénédictions reposent sur ma tête.

AARON.

Honneur de mes vieux ans, couronne de mes jours,
Donne à ton repentir un large et libre cours ;
Laisse à ton père Aaron achever la victoire.
Nadab, tu t'attendris ; tes pleurs feront ma gloire.
Prie avec moi le Dieu que tu voulois quitter :

(Il prie.)

« Dieu clément, contre nous cesse de t'irriter ;
« Reçois dans ton bercail la brebis égarée,
« Par des loups ravissants à moitié déchirée. »
As-tu prié, mon fils? Es-tu calmé? Sens-tu
Cette tranquillité que nous rend la vertu?
Moïse nous attend prosterné sur la pierre ;
Viens avec le prophète achever ta prière.

Gravissons du Sina le roc silencieux,

Et pour trouver la paix rapprochons-nous des cieux.

(Il entraîne Nadab, et tout à coup il aperçoit Arzane.)

Quel fantôme envieux épouvante ma vue !

SCÈNE V.

AARON, NADAB, ARZANE.

ARZANE, à Nadab.

Ma présence est ici sans doute inattendue ;
Mais pardonnez, Nadab, si la fille des rois
Demande à vous parler pour la dernière fois.
On dit que dans ces lieux, écoutant votre père,
Recevant ses conseils, cédant à sa colère,
Vous allez, par ma mort, noblement consentir
Au pardon qu'on promet à votre repentir.
Voilà ce que Dathan s'est hâté de m'apprendre.
A des reproches vains je ne sais point descendre ;
Je dédaigne la vie, et je viens seulement
Entendre mon arrêt, subir mon jugement.

NADAB.

Arzane !

AARON.

Quelle femme insolente et rebelle
Ose mêler sa voix à la voix paternelle ?
Du sang et du devoir respecte le lien,
Mon fils.

ARZANE.

Nadab, aussi ne me devez-vous rien?
Moi, des rois d'Amalec et la veuve et la fille,
Je vous livrois mes dieux, mon peuple et ma famille.
Falloit-il, puisqu'enfin vous vouliez m'immoler,
Par des aveux trompeurs chercher à me troubler,
A ternir sur mon front l'éclat du diadème?

NADAB.

Soupçonner mon amour! j'en appelle à vous-même :
Que diriez-vous, Arzane, en cet affreux moment,
Si je vous accusois de me tromper?

ARZANE, surprise et troublée.

Comment!
Qui? moi?

AARON, à Nadab:

N'en doute pas, c'est le Ciel qui t'inspire.
A perdre les Hébreux cette étrangère aspire,
Sans partager ta flamme. Altier, dur et moqueur,
Son regard a trahi le secret de son cœur.
Elle te hait, Nadab, comme elle hait ta race.
Aussitôt qu'à tes yeux elle aura trouvé grâce,
Tu la verras, quittant un langage suspect,
Redevenir pour toi la veuve d'Amalec.
Tes fils, dignes enfants de cette digne mère,

Sortiront de son sein en maudissant leur père ;
Et peut-être, effaçant le crime de Caïn,
Ils lèveront sur toi leur parricide main.

ARZANE, à part.

Ne laissons pas la haine altérer mon visage.
(Haut.)
Le Ciel lit mieux au fond de ce cœur qu'on outrage.

NADAB.

Aaron auroit-il dit la triste vérité?

ARZANE.

Que son reproche, hélas! n'étoit-il mérité!
Je m'égare....

NADAB.

Achevez!

ARZANE.

Un dieu qui m'humilie
Me force à révéler ma honte et ma folie.
Cruel, quand, sans remords, tu manques à ta foi....

AARON, l'interrompant.

Nadab, crains des aveux qui ne trompent que toi.

ARZANE.

Jusqu'au fond du tombeau bénissant ta mémoire....

AARON, l'interrompant.

Regarde-la, mon fils, pour cesser de la croire.

####### ARZANE.

Je ne regretterai, dans le sombre séjour,
Que de ne pouvoir plus t'exprimer mon amour !

####### NADAB.

Aveux délicieux ! douce et divine flamme,
Qui pénètre et descend dans le fond de mon âme !
Qu'est-ce que l'univers au prix d'un tel bonheur ?
Et qu'importent Moïse et toute sa grandeur,
Et les desseins du Ciel et le sort de la terre ?
Nadab sûr d'être aimé redevient téméraire.

####### AARON.

Quel blasphème est sorti de ta bouche, ô Nadab !

(Arzane s'incline aux pieds d'Aaron; Aaron la repousse.)

Fuis, exécrable enfant de Loth et de Moab,
Et reçois pour présent de l'hymen qui s'apprête
La malédiction dont je frappe ta tête.

(Arzane se relève.)

####### NADAB, *égaré tout le reste de la scène.*

(Arzane le prend par la main.)

Femme, as-tu disparu ? Ta main brûle ma main.

####### ARZANE.

Des tentes d'Israël c'est ici le chemin.

####### AARON.

N'engage pas mon fils dans le sentier du crime.

ACTE IV, SCÈNE V.

NADAB.

Arzane, suis mes pas.... Évite cet abîme.
J'entends gronder la foudre, et la terre a tremblé.

AARON.

Malheureux, par l'enfer ton esprit est troublé.

NADAB.

Silence!.... c'est sa voix; c'est la voix de Moïse.

AARON.

Il te montre la terre à tes aïeux promise.

NADAB.

Il fait rouler du Nil les flots ensanglantés,
L'ange pâle des morts se tient à ses côtés,
Le feu du ciel descend sur ma tête profane.

AARON.

Demeure avec Aaron.

NADAB.

Il a maudit Arzane!

AARON.

Il bénira Nadab.

NADAB.

Rejeté loin du port,
D'Arzane désormais je partage le sort.

AARON.

Ne revendique point l'anathème d'un père.

J'anéantis l'arrêt lancé dans ma colère,
S'il atteint jusqu'à toi.

NADAB.

Vous ne le pouvez plus :
Par le Dieu paternel vos vœux sont entendus.

(Il suit Arzane.)

Astarthé, qu'à tes chants notre union s'achève :
Marchons ; l'autel est prêt et l'aurore se lève.

AARON.

Arrête !

NADAB.

Il est trop tard !

AARON.

Viens.

NADAB.

Je suis entraîné.

AARON.

Dieu te pardonnera.

NADAB.

Vous m'avez condamné.

AARON, à Marie, qui s'avance à la tête des chœurs.

Ma sœur, secourez-moi ! Priez tous ! Au prophète,
Pour racheter mon fils, je vais offrir ma tête.

SCÈNE VI.

MARIE, CALEB, CHOEUR DE LÉVITES, CHOEUR DE JEUNES FILLES ISRAÉLITES.

(Le jour commence à paroître : les lévites, ceints de leurs épées, tiennent dans la main droite un bâton blanc, et dans la gauche une trompette. Quatre lévites portent le tabernacle, qu'ils ont enlevé du camp. Les jeunes filles israélites portent des harpes et des tambourins.)

CALEB.

Moïse nous ordonne, au matin renaissant,
D'aller le retrouver près du puits d'Élissan,
Tandis qu'à nos autels les vierges retirées
Rediront au Seigneur les plaintes consacrées.
Partons. Que de l'enfer soit confondu l'orgueil !

MARIE.

Mais de Joseph ici laissons-nous le cercueil ?
Verra-t-il des faux dieux les infâmes emblêmes ?
Non : les morts ont horreur de ces dieux morts eux-mêmes.
Dérobons ce cercueil, et courons le cacher
Auprès du tabernacle, à l'abri d'un rocher.

C'est Jacob tout entier qui fuit l'idolâtrie :

Les enfants, les tombeaux, font toute la patrie.

(Caleb, à la tête des lévites, Marie, à la tête des jeunes filles israélites, gravissent le Sina. Six lévites enlèvent le cercueil de Joseph; quatre autres lévites portent le tabernacle. L'aurore paroît; les lévites sonnent de temps en temps de la trompette. Les deux chœurs se groupent diversement sur les rochers, et chantent ou déclament, en marchant, ce qui suit :)

CHOEUR DES LÉVITES.

Emportons les os de nos pères ;

De nos trésors c'est le plus beau :

Joseph vivant fut trahi par ses frères ;

Ne trahissons point son tombeau.

CHOEUR DE JEUNES FILLES ISRAÉLITES.

Nous gardons la douceur de nos foyers antiques ;

Dans les champs de l'exil et sous de nouveaux cieux,

En conservant nos autels domestiques

Et les cendres de nos aïeux.

DEUX LÉVITES.

Quel pouvoir est le sien ! que d'œuvres redoutables

Moïse, aimé du Ciel, accomplit à la fois !

DEUX JEUNES FILLES.

Il commande : la mer, aux vagues indomptables,

Comme un enfant docile, exécute ses lois.

ACTE IV, SCÈNE VI.

CALEB.

Que notre bouche répète,
Au fracas des tambours, au son de la trompette,
L'hymne qu'au bord des flots chantoit en son honneur
Marie, instruite du Seigneur.

CHOEUR GÉNÉRAL.

Dieu protége et défend l'innocent qu'on opprime :
Du cruel Pharaon, pour sauver la victime,
Il a paru comme un guerrier,
Et précipité dans l'abîme
Le cheval et le cavalier.

UNE ISRAÉLITE.

Mezraïm disoit dans sa rage :
« Frappons les Hébreux fugitifs ;
« La mer ne leur ouvre un passage
« Que pour nous livrer nos captifs.
« Qu'Israël, au joug indocile,
« De nos murs pétrissant l'argile,
« Accomplisse ses vils destins ;
« Et que la Juive la plus fière
« S'épuise à broyer sur la pierre
« Le pur froment de nos festins. »

UN LÉVITE.

Le Seigneur entendit ces clameurs insolentes,
Et se levant soudain,
Sur la mer partagée en deux voûtes roulantes,
Il étendit sa main.

UN AUTRE LÉVITE.

De la mer aussitôt les ondes suspendues
Cèdent au bras puissant,
Et sur les Égyptiens les vagues épandues
Tombent en mugissant.

CHOEUR GÉNÉRAL.

Oh! quel spectacle!
Les chars, les javelots,
Engloutis au sein des flots,
Les hurlements et les sanglots,
La noire mort croissant dans ce chaos,
Du vengeur d'Israël attestent-le miracle.

CHOEUR DE JEUNES ISRAÉLITES.

Oh! des méchants inutiles complots!

CHOEUR DES LÉVITES.

Oh ! quel spectacle !

UN LÉVITE.

Des ossements muets les arides monceaux
S'entassèrent au bord où tant de voix gémirent.

UNE ISRAÉLITE.

Les princes de Tanis aux enfers descendirent
    Comme une pierre au fond des eaux.

CHOEUR GÉNÉRAL.

Dieu protége et défend l'innocent qu'on opprime :
Du cruel Pharaon pour sauver la victime,
    Il a paru comme un guerrier,
    Et précipité dans l'abîme
    Le cheval et le cavalier.

MARIE.

Du favori de Dieu vive l'antique gloire,
Qui présage à nos cœurs sa nouvelle victoire !
Que du lâche Éphraïm nos concerts méritants
Attirent les regards sur ces sommets distants ;

228 MOÏSE.

Qu'il voie avec remords nos cohortes fidèles
Couronnant du Sina les roches éternelles,
Abraham et Jacob penchés du haut des cieux,
Les anges se mêlant à nos hymnes pieux,
Et Moïse à l'écart, prosterné sur la poudre,
Suppliant le Seigneur et retenant la foudre.

(Les chœurs disparoissent peu à peu derrière les rochers.)

MOÏSE.

ACTE CINQUIÈME.

ACTE CINQUIÈME.

SCÈNE PREMIÈRE.

NADAB, DATHAN.

(Dans cet acte, Nadab est revêtu d'armes brillantes et porte le manteau royal.)

DATHAN.

Votre absence, Nadab, va surprendre l'armée ;
Elle en paroît déjà justement alarmée :
Objet de tant de vœux, vous les devez combler.

NADAB.

N'est-ce donc pas ici qu'on se doit assembler ?

DATHAN.

Sans doute, mais du camp que votre absence trompe
Il ne vous convient pas de devancer la pompe.
Montrez-vous radieux aux soldats satisfaits.

NADAB.

Sais-je ce que je veux? Sais-je ce que je fais?
A ces bords où mes pas et mes destins s'enchaînent,
L'amour et le remords tour à tour me ramènent.

DATHAN.

Cachez du moins le trouble où flotte votre esprit.

NADAB.

Que plutôt sur mon front ce trouble soit écrit.

DATHAN.

Les conseils éternels ont rejeté Moïse ;
Et c'est vous à présent que le ciel favorise.

NADAB.

Pure religion, dont je souille l'autel,
J'entends en ce moment ton soupir maternel.
Combien j'étois heureux quand tes chastes entraves
Au pied d'un Dieu jaloux tenoient mes sens esclaves,
Quand un simple bandeau, déroulé par ta main,
Sous un lin virginal cachoit mon front serein.
Dathan, j'ai tout perdu par ma coupable audace,
J'ai trahi le passé, l'avenir et ma race.
Oh! que le premier crime est pesant sur le cœur!

ACTE V, SCÈNE I.

DATHAN.

Calmez l'emportement d'une injuste douleur :
Aux rives de Séir tout vous sera prospère.

NADAB.

Je ne chanterai point dans la terre étrangère.

DATHAN.

Sous le manteau des rois le chagrin est léger.

NADAB.

Que ne suis-je vêtu du sayon du berger !
Et que n'ai-je, innocent au jour de la tempête,
Une pierre au désert pour reposer ma tête !

DATHAN.

Venez : pour votre hymen tout s'apprête en ce lieu.

NADAB.

Il ne manque à l'autel que mon père et mon Dieu.

DATHAN.

Éloignez ces ennuis : voilà, plein d'espérance,
Au-devant de vos pas le peuple qui s'avance.

NADAB.

Quel charme ! Quel éclat ! Fuyez, tristes remords !
L'aspect de la beauté me rend tous mes transports.

SCÈNE II.

NADAB, ARZANE, NÉBÉE, DATHAN, CHOEUR DE
JEUNES FILLES AMALÉCITES, SOLDATS, PEUPLE, etc.

(Arzane paroît traînée sur un char; onze drapeaux annoncent les onze tribus présentes au sacrifice. Les jeunes Amalécites déposent au milieu du théâtre un autel sur lequel on voit une idole : elles placent devant cet autel un trépied allumé; quelques unes tiennent les corbeilles des offrandes. Dathan porte le flambeau nuptial et Nébée le vase à l'encens.)

NADAB, à Arzane.

Arzané, qu'au bonheur l'heureux Nadab invite,
Sous le sceptre d'Édom rangez l'Israélite.
  (Aux soldats.)
Soldats, que votre sort à mon sort doit unir,
N'accusez plus vos chefs : tous vos maux vont finir.
Vous avez demandé des dieux dont la puissance
Vous guidât à des lieux de paix et d'abondance,
Où vous pussiez fixer, à l'abri des tyrans,
Vos tombeaux voyageurs et vos berceaux errants :
Ces biens qu'en soupirant vous espériez à peine
Vous sont tous accordés par une grande reine.

Née aux monts de Séir, du sang de nos aïeux,
Elle va réunir notre race et nos dieux.

UN DES CHEFS DES SOLDATS.

Qu'Arzane et que Nadab règnent pour nos délices,
Et conduisent nos pas sous des cieux plus propices.

UN DES PRINCES DU PEUPLE.

Sauvez-nous du désert; nous vous en prions tous,
Et faites-nous des dieux qui marchent devant nous.

NADAB, à Dathan.

Cher Dathan, préparez la pompe nuptiale.

ARZANE, à part.

Je règne et meurs.

NADAB, à part.

D'où sort cette nuit infernale?

(Dathan allume le flambeau nuptial; les Amalécites déposent les offrandes au pied de l'idole; le peuple les imite. Nébée présente l'encens à Arzane. Arzane prend l'encens des mains de Nébée, l'élève au-dessus du trépied devant l'idole, et dit:)

ARZANE.

Puissant Dieu d'Amalec, dont Jacob aujourd'hui
Reconnoît la grandeur et recherche l'appui,

Ouvre tes bras d'airain, ta poitrine enflammée,
Pour verser sur Jacob la faveur réclamée.
O Moloch! sois propice à tes nouveaux sujets :
Les mères d'Israël payeront tes bienfaits.

(Elle répand l'encens sur le trépied, et passe l'urne à Nadab.)

NADAB.

Nadab sacrifier au dragon de l'abîme!

DATHAN.

Le temps fuit.

NADAB.

Puisse-t-il toujours manquer au crime!

DATHAN.

Tous les yeux sont sur vous.

NADAB.

Sinaï! Sinaï!

ARZANE.

Répandez donc l'encens.

NADAB.

Jacob, je t'ai trahi!

ARZANE.

Achevez.

NADAB.

Je ne puis.

ARZANE.

Qu'attendez-vous?

NADAB.

Mon père.

ARZANE.

Couronne mon amour.

NADAB.

Et s'il me trompe?

ARZANE.

Espère.

NADAB.

Pense au Ciel qui me voit.

ARZANE.

Songe à tes derniers vœux.

NADAB.

Consommons le forfait!

MOÏSE, *du haut du Sinaï, où il apparoît tenant les Tables de la loi.*

Arrête, malheureux!

(*L'urne à l'encens tombe des mains de Nadab : il se fait un moment de silence.*)

SCÈNE III.

MOÏSE, NADAB, ARZANE, DATHAN, NÉBÉE,
SOLDATS, PEUPLE, etc.

ARZANE.

Jacob ! je reconnois ton malfaisant génie.

MOÏSE, toujours sur les rochers.

De mon front sillonné dernière ignominie !
Veillé-je, ou n'est-ce pas l'idolâtre Israël,
Qui d'un monstre du Nil environne l'autel ?
O Tables de la loi, du Ciel présent insigne,
De vos Commandements ce peuple n'est plus digne,
Tombez et brisez-vous.

(Il brise les Tables de la loi, descend des rochers et marche à l'autel.)

Disparois à mes yeux,
Disparois à jamais, simulacre odieux,

(Il renverse l'autel et l'idole.)

Vous qu'un ange toujours protége de son aile,
Lévites, accourez : Moïse vous appelle.

ACTE V, SCÈNE III.

Et toi, noble Marie, amène dans ce lieu
Ton foible bataillon, si puissant devant Dieu.

(*Les lévites et les jeunes Israélites, entrant de tous côtés sur la scène,
se rangent autour de Moïse.*)

NADAB, *tirant son épée.*

Soldats! livrerez-vous mon épouse à ces traîtres?
Défendez votre roi contre la main des prêtres.

MOÏSE.

Que tout fidèle Hébreu par son zèle emporté,
D'un repentir soudain, passe de mon côté.

(*Le peuple fait un mouvement.*)

NADAB.

Infâmes déserteurs!

MOÏSE.

N'écoutez point l'impie,
Et qu'à la voix des Saints Israël se rallie!

(*Le peuple et les soldats passent du côté de Moïse.*)

NADAB, *à Arzane.*

Je te défendrai seul, objet cher et cruel,
Contre ce peuple entier, Moïse et l'Éternel.

MOÏSE.

Vengeurs du sanctuaire, entourez la victime,
Et désarmez le bras qu'avoit armé le crime.

(*Des lévites environnent Arzane et désarment Nadab; d'autres
emmènent Dathan.*)

MOÏSE.

ARZANE.

Cessez, vils meurtriers ; je saurai bien sans vous
Mourir comme une reine. Oui, je vous brave tous.
Heureuse, en expirant, j'ai vengé ma patrie ;
C'est par moi que Jacob connoît l'idolâtrie.
Retourne, si tu veux, ô peuple renié !
A ton Dieu dévorant, à ton Dieu sans pitié.
Je te livre à l'arrêt qui déjà te condamne ;
Et ton sang va couler après celui d'Arzane.

MOÏSE.

Qu'on l'entraîne.

NADAB, s'arrachant des mains des lévites, et se précipitant
vers Arzane.

Sur moi tournez votre poignard.
Arzane, que mon corps te serve de rempart ;
Permets avec le tien que mon sang se confonde ;
Que nos âmes ensemble abandonnent le monde,
Et que le dernier souffle exhalé de mon cœur
Des feux qui me brûloient te porte encor l'ardeur.

ARZANE, le repoussant.

Quoi ! jusque dans la mort m'accabler de ta flamme !
Laisse, laisse aux enfers descendre en paix mon âme.
Disons-le maintenant à la face des cieux,
Comme tout Israël tu m'étois odieux.

ACTE V, SCÈNE III.

Fils d'Aaron, dans l'espoir de te perdre toi-même,
J'avois, pour mon supplice, eu la foiblesse extrême
De me vouloir sauver en me donnant à toi ;
Mais cet effort étoit trop au-dessus de moi ;
Et lorsque de l'amour j'affectois le langage,
Les pleurs le démentoient sur mon pâle visage.
Je suis enfin soustraite à ces secrets tourments ;
Le tombeau me dérobe à tes embrassements.
Quel bonheur d'échapper à l'amant qu'on déteste !
Adieu, parjure enfant d'une race funeste ;
De mon dernier aveu que le dur souvenir
Augmente la douleur de ton dernier soupir,
Et songe, en expirant à ton culte infidèle,
Que je n'avois pour toi qu'une haine immortelle.

(Elle arrache son voile, et sort avec les Amalécites sous la garde
d'une troupe de lévites.)

MOÏSE.

Allez, brisez la tête à cet ingrat serpent,
Et tarissez les flots du venin qu'il répand.

SCÈNE IV.

MOÏSE, NADAB, MARIE, PEUPLE ET SOLDATS.

MARIE.

Du Très-Haut, pour Nadab, implorons la clémence.

NADAB, dans la stupeur.

Mon songe disparoît dans un abîme immense.
Ta malédiction, Aaron infortuné,
Comme un manteau brûlant couvre ton premier né.
Tu ne m'entendras plus te parler, te sourire ;
Tu ne me verras plus chaque matin te dire :
« Viens, mon père, au soleil réchauffer tes vieux ans :
« Viens prier l'Éternel et bénir tes enfants. »

(Il fait quelques pas sur le théâtre.)

Mais par quel corps sanglant est ma marche heurtée ?
Aux corbeaux du désert une femme jetée....
Noirs vautours attachés à ce sein éclatant,
Je demande ma part du festin palpitant.
Tu ne peux plus du moins repousser ma tendresse ;
Arzane ; dans mes bras je te tiens, je te presse,

Nous aurons au soleil montré dans un seul jour
Des prodiges nouveaux et de haine et d'amour.
Jéhovah ! puisqu'Arzane à ma flamme est ravie,
Je te rends tes présents, je renonce à la vie :
Pour aller aux enfers m'unir à la beauté,
Je cours t'offrir l'encens que respire Astarthé.

(Il fuit.)

MOÏSE, aux lévites.

Suivez-le, gardez-le de sa propre misère.
Ne verse point sur lui, Seigneur, dans ta colère,
Les feux dont Séboïm jadis fut consumé,
Et que de ton courroux le trésor soit fermé !

(Les lévites suivent Nadab. Moïse parlant à Marie.)

Vous, femme forte et sage, à la vertu nourrie,
Soignez l'âme d'Aaron d'un coup affreux meurtrie :
Par mes ordres secrets Benjamin et Caleb
Ont arrêté mon frère à la source d'Oreb.

(Marie sort; le ciel commence à se couvrir; on entend un coup de tonnerre. Moïse, après avoir regardé le ciel et la montagne, dit :)

Quel présage effrayant ! Dieu vient : à sa présence,
La mer a fui ; la terre attend dans le silence ;
Et les cieux, dont il fait trembler l'immensité,
S'abaissent sous les pas de son éternité.

SCÈNE V.

LES PRÉCÉDENTS, UN LÉVITE.

LE LÉVITE.

Par la fureur du peuple Arzane lapidée
Est rendue aux démons qui l'avoient obsédée.
Mais Nadab l'a suivie : en proie au désespoir,
Chargeant de feux impurs un impur encensoir,
Il souilloit l'holocauste, alors que sur la poudre
Il est tombé soudain.

MOÏSE.

Qui l'a frappé ?

LE LÉVITE.

La foudre.

MOÏSE.

O justice incréée, arbitre souverain,
Je n'ai donc plus l'espoir de désarmer ta main !
(Au peuple.)
Oui ! vous serez punis : il faudra que l'épée
Cherche encor parmi vous la victime échappée.
Vous mourrez au désert, et vos jeunes enfants
Dans Jéricho sans vous entreront triomphants.
Caleb et Josué, sauvés par le Dieu juste,
Seuls du sacré Jourdain passeront l'onde auguste.

ACTE V, SCÈNE V.   245

Moi-même, tout flétri de votre iniquité,
Du pays de Jacob je serai rejeté.
Salut, mont Abarim, d'où les yeux de Moïse
Découvriront les bords de la Terre-Promise,
Abarim où, chantant mon cantique de mort,
Je bénirai ce peuple en un tendre transport.
(Il étend les mains sur le peuple, qui s'incline.)
Tribus, je vous bénis comme à ma dernière heure.
Au sein de mes enfants que je vive et je meure ;
Et qu'après mon trépas un voyageur divin
Des vrais champs d'Abraham leur montre le chemin.

SUR

LES POÉSIES
DE M. DE CHATEAUBRIAND.

POÉSIES.

Au premier abord, ce titre *Poésies*, sur un volume de M. de Chateaubriand, nous paroit une chose étrange, un singulier pléonasme. En effet, où n'est-elle pas, la poésie, dans cet immense recueil de tant d'éloquence de génie? Elle est partout, elle éclate de toutes parts, elle prend tous les tons, elle célèbre toutes les vertus; elle enseigne, elle passionne, elle modère les esprits; elle a été un instant toute la loi vivante. M. de Chateaubriand est le plus grand poète de notre âge; il est la grande intelligence du dix-neuvième siècle; il est la source intarissable de toute poésie; le premier il a donné le signal du départ, le premier il a indiqué la route, le premier il a désigné le but à toutes les grandes pensées du dix-neuvième siècle; la poésie moderne doit à M. de Chateaubriand d'abord de n'avoir pas été tout ce qu'elle devoit être, athée et sceptique, et ensuite tout ce qu'elle est aujourd'hui et tout ce qu'elle sera un jour. C'est M. de Chateaubriand, le premier, qui a trouvé le style poétique de notre âge; c'est M. de Chateaubriand, le premier, qui a ramené la poésie à ses nobles idées primitives ; c'est lui qui a rendu la croyance aux poètes, c'est lui qui a démontré la poésie du christianisme, cette source féconde de toute poésie que l'on croyoit tarie à jamais par Voltaire ; c'est M. de Chateaubriand qui a mis en fuite le doute, cette chose qui tue les plus grands poètes, qui flétrit les cœurs les plus nobles, qui empêche les intelligences les plus avancées de comprendre Dieu et le ciel. Le doute, dont M. de Chateaubriand a été l'ennemi infatigable, c'est en effet l'ennemi infatigable de tout amour et de toute espérance ici bas et là haut. Il brise, il tue, il énerve, il écrase, il souille, il flétrit, il fane dans sa fleur toute grande et belle pensée ; il jette sur les plus belles actions je ne sais quel crêpe funèbre, je ne sais quel désespoir qui anéantit toutes les vertus et qui détruit toutes les gloires. Quand M. de Chateaubriand vint au monde, le doute étoit le maître de la France ; mais aussi quel funeste empire ! Le doute, ce nouveau dieu de l'esprit françois, avoit traversé toutes les grandeurs ; il avoit anéanti tous les enthousiasmes, il avoit détruit tout ce qui étoit obéissance et devoir, admiration et respect, dévouement au passé et espérance dans l'avenir ; le doute avoit remplacé le devoir, l'honneur, le respect des aïeux, le sentiment de l'autorité, le souvenir des races, l'estime du présent. Le moyen d'être poète sous le règne de ce flétrissant despote, le doute ! et quelle reconnoissance le siècle de M. de Chateaubriand ne doit-il pas à son grand poète pour avoir jeté le premier cri d'alarme sur tant de ruines amoncelées, ruines de l'autel et ruines du trône! pour nous avoir arrachés ainsi à ce joug de fer et de honte! Voilà comment M. de Chateaubriand a été pour nous le maître et le roi de toute poésie.

Quand donc on inscrit en tête d'un volume de M. de Chateaubriand, *Poésie*, que veut-on dire, et quel sens peut-on attacher à ce titre, pour le moins bizarre? Est-ce à dire qu'*Atala* et *René* ne soient pas les plus grands drames de notre époque? Est-ce à dire que *les Martyrs* ne soient pas le chef-d'œuvre de la poésie épique parmi nous? Est-ce à dire que les descriptions si animées et si vivantes de l'*Itinéraire* ne soient pas tout-à-fait, par l'imagination et par la vérité, par les contemplations du passé et par l'étude du présent, les descriptions d'un grand poète, qui est en même temps un grand historien? Est-ce à dire que même dans les discours du pair de France, même dans ses opinions politiques formulées avec tant vigueur et de bon sens, même dans les articles de simple critique, quand M. de Chateaubriand, et il s'en fait gloire, n'étoit qu'un simple journaliste comme nous, est-ce à dire qu'à chaque instant le poète n'éclate pas souvent à son insu et malgré lui, et par la toute-puissance de sa pensée, même dans cette langue des affaires et de la critique, dont M. de Chateaubriand a su faire une langue à part? Non certes, on ne peut pas dire que jamais en aucune circonstance de sa vie, jeune homme ou vieillard, pélerin ou grand seigneur, écrivain ou ministre d'État, proscrit de la terreur ou ambassadeur du roi de France, vainqueur qui ramène à sa suite la maison de Bourbon exilée depuis trente ans, et qui lui donne un trône bien mieux que l'Europe coalisée, ou noble vaincu qui monte à la tribune de la Chambre des Pairs pour prononcer l'oraison funèbre de cette monarchie qui est tombée parce qu'elle n'a pas voulu entendre la voix de ses conseillers légitimes; non jamais, ni dans sa prospérité, ni dans son infortune, ni dans sa pauvreté, ni dans son opulence, ni dans ses exils, ni dans son retour, ni dans son triomphe, ni dans sa défaite, M. de Chateaubriand n'a cessé un seul jour, un seul instant de penser, de parler et d'agir comme un grand poète; la poésie, c'est sa vie, c'est son noble manteau, c'est son illustre cortége; non, soit que M. de Chateaubriand ait gouverné la France, soit qu'un matin il soit revenu à pied de l'hôtel des affaires étrangères dans sa modeste maison de la rue d'Enfer, jamais on ne pourra dire que celui-là ait cessé un instant, un seul instant, d'être un poète, et encore le plus grand poète de notre temps!

Donc, quand on parle des *Poésies* de M. de Chateaubriand, on se sert de ce mot *poésies* dans toute l'acception vulgaire de ce mot-là; on parle de ses poëmes en vers, de sa poésie soumise au joug de la rime, cette esclave qu'il a réduite à l'obéissance, comme il a fait obéir le reste de la langue. Et à ce propos, il n'est peut-être pas inutile de se demander pourquoi un si grand poète que M. de Chateaubriand, qui à coup sûr, s'il eût voulu, eût été un aussi grand écrivain en vers qu'il est un grand prosateur, placé comme il étoit entre la langue de Racine et la langue de Bossuet, et n'ayant qu'à choisir entre l'une et l'autre, a mieux aimé suivre d'un pas ferme et sûr la haute et magnifique bannière de Bossuet, que de marcher sur les fleurs dans le grand chemin poétique tracé par Racine. Il a mieux aimé s'abandonner au torrent fougueux de Bossuet, que de rester mollement assis sur le rivage à écouter le limpide et transparent ruisseau de Racine. L'aigle de Meaux l'a pris dans ses serres, et l'a emporté dans sa lumière et dans ses nuages d'or. Tout ce qui fait les grands poètes, M. de Chateaubriand le possède au suprême degré. Il en a l'âme, il en a l'esprit, il en a le cœur, il en a le regard, ce coup-d'œil assuré de l'aigle, qui pourroit fixer le soleil. Son imagination toute puissante sait donner la forme, la vie, le mouvement à toutes choses. Sa passion est vive, animée, fougueuse et changeante comme les couleurs du prisme. Sa conviction, cette force qui soulèveroit un monde, est beaucoup plus que la conviction d'un poète : c'est la conviction d'un poète chrétien. Il aime l'humanité, et il pleure sur elle. Il est entré de bonne heure dans le secret de toutes les foiblesses et de toutes les misères du cœur humain. Il a mené toute sa vie la vie d'un gentilhomme et d'un poète. Il s'est battu et il a chanté. Il a su trouver les plus belles paroles de guerre et les plus belles paroles d'amour. Il a engendré, il a nommé, il a jeté dans le monde, avec leur visage, et leur costume, et leurs intérêts, et leurs amours, et leurs bonheurs, et leurs désespoirs qui ne sont qu'à eux, plus de héros qu'aucun poète en ce monde, sans excepter lord Byron : Atala, René, Velléda, Eudore, Cymodocée. Il a trouvé plus de terres poétiques qu'Homère lui-même; car, d'abord, il a trouvé dans les forêts de l'Amérique la poésie du Nouveau-Monde; puis il a retrouvé la Grèce d'Homère; puis, après la Grèce, il a trouvé l'Orient; puis, de l'Orient, il s'est abattu en Italie, et il a intéressé à son poëme ces trois grandes patries du soleil. A ces signes, on reconnoît le poète. Il a été poète à la manière d'Homère, c'est-à-dire, un poète voyageur qui veut voir, qui veut toucher de ses mains les régions où vivent ses héros, qui veut se reposer à l'ombre de leurs arbres, s'abriter dans leurs cabanes, parcourir leurs champs de batailles, s'asseoir tristement sur les débris des villes qui ne sont plus. A ces signes, on reconnoît le poète. Il a été poète-philosophe, c'est-à-dire qu'il a voulu instruire les hommes en les amusant, c'est-à-dire qu'il a caché la leçon sous la fable, l'histoire sous la fiction, la vérité sous le mensonge orné, bienveillant et fleuri. Il a été poète comme Hésiode et poète comme Platon. Il a eu dans la voix et dans le cœur les larmes de Racine. Il a eu dans son cœur et dans son esprit les grandes colères de Corneille. Pourquoi donc n'a-t-il pas écrit comme Racine et comme Corneille, comme Homère et comme Virgile, et comme tous ces grands modèles, qui ont été ses maîtres, ses compagnons et ses consolateurs, et devant lesquels, maintenant qu'il est leur égal dans la gloire et dans l'admiration des hommes, vous le trouverez encore aujourd'hui prosterné avec un noble et saint respect?

Pourquoi M. de Chateaubriand n'a pas écrit en vers? C'est qu'il a trouvé, comme Fénelon, une prose qui étoit à lui, et qui étoit la prose d'un poète. Pourquoi M. de Chateaubriand n'a pas adopté le rhythme de Corneille et de Racine? C'est qu'il a trouvé dans son cœur un rhythme tout puissant, une harmonie ineffable, et avec cela tant de mélancolie et tant de charmes qu'il n'a pas eu besoin de la rime; c'est aussi parce que, tout poète qu'il étoit, M. de Chateaubriand a compris qu'il n'auroit pas toujours la permission de n'être qu'un poète; c'est qu'il a compris que tout étoit à faire et à refaire de son temps; que l'histoire étoit aussi abandonnée que la poésie, que la poésie étoit aussi abandonnée que l'histoire, et que non seulement son siècle avoit besoin d'historiens et de poètes, mais qu'il avoit encore besoin de moralistes, mais encore qu'il avoit besoin d'orateurs, mais encore qu'il ne pouvoit se passer de grands ministres, et de grands législateurs, et d'intègres magistrats ; il a compris aussi que sa patrie, cette patrie abandonnée du génie et du pouvoir, ses deux grands protecteurs naturels, réclameroit bientôt de ses meilleurs enfants tous les secours qu'ils pourroient lui donner, et qu'elle s'en serviroit de toutes les manières, et qu'elle les mettroit à toutes les épreuves, à toutes les fatigues, à tous les travaux ; et qu'elle auroit besoin à la fois et tour à tour de leur épée et de leur parole, de leur intelligence et de leur esprit, de leur imagination et de leur mémoire, de leur courage civil et de leur courage guerrier, de leur tête et de leur cœur. Voilà ce que M. de Chateaubriand avoit compris tout d'abord en entrant dans le monde des faits et dans le monde des idées ; voilà tout ce qu'il avoit compris avec cette merveilleuse intelligence qui fait les grands hommes. En conséquence, il s'étoit préparé de bonne heure à être utile à toute heure, en tout lieu, en tout temps et toujours. Or aujourd'hui la langue des faits et de l'histoire, la langue de la tribune et des affaires, c'est la prose ; c'est la prose qui gouverne, qui enseigne, qui blâme, qui loue, qui persuade, qui gouverne. L'empereur Napoléon avoit beau dire, à Sainte-Hélène, que si Corneille eût vécu de son temps, il en eût fait un ministre d'État : il est certain que le grand Corneille eût fait un pauvre ministre, et qu'il eût été hors de sa sphère à la Chambre des Députés ou à la Chambre des Pairs. Ce fut donc là aussi, sans nul doute, une des raisons qui portèrent M. de Chateaubriand à se servir de préférence, même dans ses poëmes, de cette belle prose françoise que lui avoit donnée le ciel. Certes il ne se dissimula pas à lui-même que la tentative étoit difficile. Être poëte en prose! Il savoit tous les préjugés qui l'attendoient ; il savoit tous les services que peut rendre la rime aux poètes qui lui sont fidèles ; il savoit que rien n'est difficile à écrire comme la prose, quand elle est bien écrite, — et que, pour le poëte en prose, il n'y a pas de hasard, pas un seul de ces grands bonheurs dont on vous sait tant de gré, qui arrivent si souvent au poëte en vers. — Il savoit à l'avance tous ces obstacles, notre grand poëte, mais il n'a été arrêté par aucun de ces obstacles ; car il savoit aussi que le grand poëte en prose est bien plus près que tout autre poëte, d'être un grand historien et un grand orateur. Il avoit pour lui l'exemple de l'archevêque de Cambray, qui eût été un si grand homme d'État si Louis XIV eût voulu le permettre. Il avoit pour lui l'exemple de Bossuet, cette haute et sévère intelligence qui avoit touché d'un bond aux deux grandes perfections humaines : l'histoire et l'éloquence. Il avoit pour lui l'exemple de Montesquieu, législateur et poëte ; et comment poëte, lui, le sévère philosophe? poëte à la manière de Tibulle et d'Ovide! Il avoit pour lui l'exemple des plus grands prosateurs de la France, Jean-Jacques Rousseau, qui a fait de ses *Confessions* un poëme, et surtout il étoit poussé en ceci par le sentiment intime du devoir, qui lui disoit que le ciel n'étoit pas assez beau, et le pays assez tranquille, pour qu'il fût permis aux poètes d'être tout simplement d'heureux poètes; que le hêtre de Tityre, l'arbre heureux, avoit été coupé jusqu'à la racine par les révolutions; que l'herbe sur laquelle les poètes d'autrefois chantoient l'empereur Auguste ou le roi Louis XIV, sans souci du lendemain, avoit été foulée aux pieds des chevaux dans les batailles; que le palais de César avoit été renversé par les barbares, et qu'Octavie avoit été ensevelie à côté de celui qui devoit être Marcellus. Il savoit tout cela, et aussi qu'il faut aux peuples beaucoup de loisir et de bonheur pour être sensibles au charme des beaux vers; qu'il faut aux peuples pour écouter le poète qui chante, du pain et du repos, et la douce oisiveté, et non pas le règne des tyrans ou le despotisme des peuples en révolution. Il savoit aussi que la gloire même est une distraction à la poésie; et que les peuples qui s'en vont tout armés à travers l'Europe, au bruit du canon qui gronde, du cheval qui hennit, de la trompette qui sonne ou du grand général qui élève la voix plus haut que canons, clairons, chevaux et trompettes, ne sont guère disposés à prêter l'oreille aux beaux vers. Et lui aussi, il se sentoit, le poète des peuples; quelque chose lui disoit en lui-même que sa parole iroit aux nations, et que par conséquent il ne falloit pas parler aux nations occupées la langue des nations oisives, et que le bruit des tambours et le hurlement des canons, et les murailles croulantes, et les cités détruites, et les trônes brisés, et les royautés éperdues, et tout ce chaos glorieux de l'empire, et que tout cela parleroit plus haut que les plus beaux vers; et lui cependant, il savoit qu'il devoit parler plus haut que les batailles, plus haut que le général en chef de tant d'armées qui s'en alloient mourir; car, lui, il avoit des vérités à dire, des croyances à reconstruire, une religion chrétienne à rendre à son pays et des rois légitimes à rappeler. Voilà pourquoi il résolut en lui-même de refaire la prose françoise au profit de la poésie et au profit de la gloire, au profit de la royauté et de la liberté de son pays.

Vous savez quels chefs-d'œuvre cette noble résolution a portés, et dans quels progrès tout nouveaux la prose françoise est entrée à la suite de M. de Chateaubriand. Vous savez encore comment, grâce à cette révolution dans les formes poétiques, M. de Chateaubriand est devenu un des maîtres de la société françoise. Si pourtant vous voulez bien comprendre quel écueil a évité M. de Chateaubriand, en préférant ainsi la prose aux vers, jetez les yeux sur un poète qu'on peut dire son contemporain, bien que M. l'abbé Delille ait commencé avant M. de Chateaubriand, et voyez ce que M. l'abbé Delille est devenu! Certes celui-là étoit un homme habile et un homme d'esprit. Il possédoit à fond toutes les ressources de la langue; il étoit profondément versé dans les complications les plus difficiles du vers françois; il avoit autant d'esprit que Voltaire, peut-être même plus d'esprit que Voltaire, c'est-à-dire qu'il en avoit trop. Il avoit commencé par traduire *les Géorgiques de Virgile* d'une façon admirable, brillant tour de force, que Voltaire lui-même avoit déclaré impossible. Bientôt il fut populaire. En effet, il avoit tous les caractères de la popularité facile, l'improvisation, l'inattendu, la grâce légèrement fardée, le sentiment, l'abandon, la verve, mille qualités poétiques, excepté celle qui les vaut toutes, le cœur. Aussi, durant toute une longue vie, M. l'abbé Delille fut-il la gloire, l'espoir et le bonheur de plusieurs milliers de gens de goût, qui ne juroient que par lui; long-temps il fut l'astre resplendissant qui éclairoit de ses molles et douteuses clartés les âmes timides et les oisivetés bourgeoises. Toute sa vie il eut une cour à ses pieds, une cour peu nombreuse, mais dévouée jusqu'au fanatisme. Il vécut heureux, applaudi, tranquille, sans se douter de toutes les misères qui entourent, qui assaillissent, qui accompagnent jusqu'au tombeau la véritable poésie. Toute sa vie il put se répéter à loisir que tout ce qu'on disoit des traverses arrivées aux grands poètes étoit un conte fait à plaisir; que le vieil Homère n'avoit jamais tendu la main dans les villes d'Ionie, que le vieux Milton avoit vendu sa poésie une guinée le vers, que Camoëns n'étoit pas mort à l'hôpital, que Dante n'avoit pas été proscrit, que Le Tasse n'avoit pas été enfermé dans une loge de fous. Il étoit si heureux, ce bon abbé Delille! Il étoit si riche, si fêté, si honoré, si applaudi, si admiré! Il vieillit comme il avoit vécu; il vieillit dans le plus parfait repos, sans jamais avoir eu peur des révolutions, qui brisoient et qui régénéroient son siècle ; ou bien, si par hasard il venoit à se souvenir de ces terribles ouragans, de ces conflits sublimes des peuples contre les rois, des théories contre les faits, il ne s'en souvenoit que pour les chanter, — c'est-à-dire, pour les traduire en brillantes périodes, pour les parer de toutes les roses et de toutes les gazes. Une révolution, pour l'abbé Delille, c'étoit un prétexte à écrire de beaux vers, rien de plus. Du reste, jamais dans ses vers cet heureux poète ne se servit des passions de la foule, jamais il ne s'inquiéta des besoins de son époque, jamais l'idée ne lui vint que le vrai poète n'a pas le droit de s'isoler des terreurs, des inquiétudes, des espérances et des misères contemporaines. Il alloit tout droit son chemin par des sentiers sablés et fleuris qu'il avoit découverts le premier, pendant que l'humanité haletante se traînoit péniblement sur la grande route brûlée du soleil. Voilà pourtant le plus grand poète en vers du siècle de M. de Chateaubriand ; c'est l'égoïsme appliqué à la poésie; ou plutôt, ne soyons pas si cruels, disons que M. l'abbé Delille, en vivant ainsi isolé de toutes les émotions, de toutes les gloires, de tous les progrès de son époque, a obéi à la fatale nécessité de la poésie rimée plutôt qu'à son égoïsme personnel ; mais encore une fois, que voulez-vous que fît M. l'abbé Delille de son esprit arrangé, paré et surtout rimé d'après les règles, au milieu de tous ces événements entassés, de toutes ces nations conquises, de toutes ces gloires échevelées ? Comment vouliez-vous que cette honnête muse vint scander ses vers au pied du trône de l'Empereur ? Comment auroit-il fait, l'abbé Delille, pour faire pénétrer son nom dans les phalanges serrées de la Grande-Armée ? Comment ce pipeau bourgeois auroit-il pu se faire entendre au milieu des clairons et des trompettes ? Il falloit à ces masses armées, pour s'en faire entendre, il falloit à ces intérêts immenses, pour s'en faire comprendre, il falloit à toute l'histoire de ce temps-là, pour avoir le droit de se mêler avec elle, il falloit l'âme, le génie, le cœur, la poésie et surtout la prose toute puissante et tout armée de ce grand poète, de ce grand orateur qu'on appelle Chateaubriand ! Ainsi donc, ne demandez plus pourquoi M. de Chateaubriand n'a pas écrit en vers ? c'est que le vers étoit une gêne, c'est que le vers étoit une oisiveté, c'est que le vers étoit une élégance inutile, c'est que le vers n'alloit plus à aucune oreille humaine en ce monde ; c'est qu'aussi M. de Chateaubriand avoit pour lui une prose véhémente, inspirée, abondante comme les plus beaux vers, en même temps que c'étoit une prose noble, claire, éloquente, comme la plus noble prose. — Et voilà pourquoi M. de Chateaubriand n'a pas été un poète en vers !

Aussi qu'est-il arrivé à M. l'abbé Delille, et qu'arrive-t-il à M. de Chateaubriand? Il est arrivé à l'abbé Delille qu'après avoir amusé quelques oisivetés spirituelles dont les affaires ne vouloient pas, après avoir fait les délices de quelques honnêtes gentilshommes qui revenoient à l'ancien vers françois comme ils revenoient à leur ancien blason, après avoir jeté toutes ses jolies fleurs, bluets cueillis dans la prairie voisine, loin du bruit des armes et du mouvement des esprits, aux pieds de quelques belles dames de l'ancienne cour, M. l'abbé Delille, n'ayant plus rien à chanter dans les *Trois Règnes de la Nature*, est retourné un beau matin dans le deuxième ciel, d'où il étoit venu, à côté de ceux qui l'avoient envoyé, M. de Bernis, Dorat, Voisenon, Thompson, Bernard, et autres grands poètes de la même école qu'il a tous fait oublier, sans laisser plus de trace sur la terre que l'écho d'un beau son, plus de trace que la neige brillante quand revient le printemps, plus de trace qu'une étoile qui file et disparoit. A l'heure qu'il est, le nom de M. l'abbé Delille est un de ces noms honorables et doux qu'on prononce sans tristesse et sans joie, sans bonheur et sans orgueil, mais que tout le monde prononce avec le même désintéressement et le même respect; à l'heure qu'il est, les vers de M. l'abbé Delille ont disparu de toutes les mémoires, comme font tous les beaux vers qui ne se gravent pas dans tous les cœurs. On les recherche encore, il est vrai ; mais on les recherche de temps à autre, quand on n'a rien de mieux à lire, quand on a besoin d'une admiration sans fatigue et d'une étude sans travail ; on les recherche comme une étude grammaticale et littéraire qui n'est pas sans utilité. En effet, quel que soit l'oubli dans lequel soit tombée cette ingénieuse versification, on est bien aise de juger et de voir par quels tours de force ingénieux et infatigables un homme d'esprit peut se faire passer pour un poète, même dans cette formidable langue françoise, si difficile à parler. Tel est le lot de l'abbé Delille. C'est un poète qui passe avant le grammairien ; ses plus beaux vers sont préférés, à bon droit, au Dictionnaire des rimes de Richelet. Deux hommes l'ont remplacé aujourd'hui, deux hommes que nul ne remplacera. L'un de ces hommes s'appelle M. de Lamartine ; le second s'appelle M. Victor Hugo. L'un est le poète en vers de la belle foule ; il parle à toutes les âmes, il mouille tous les yeux, il fait battre tous les cœurs. L'autre, poète prédit et inspiré par M. de Chateaubriand, que M. de Chateaubriand a surnommé : *l'enfant sublime,* et qui fait encore tant de sublimes enfantillages sans doute pour ne pas donner un démenti à son noble parrain, est le poète de la jeunesse ardente, imprudente et qui ne doute de rien. L'un et l'autre ils n'ont rien laissé à M. l'abbé Delille, qu'ils n'ont pas lu. L'abandon du traducteur des *Géorgiques* et de Milton (et encore M. de Chateaubriand va-t-il arracher Milton à l'abbé Delille), cet abandon, qui n'est pas même l'oubli, doit apprendre aux hommes de talent à succès ce qui les attend toutes les fois qu'ils oublieront la grande mission de tout poète venant en ce monde : se mêler aux passions de son temps.

Nous ne voulons pas pousser plus loin ce parallèle entre M. de Chateaubriand et M. l'abbé Delille; mais voyez pourtant quelle est la gloire du premier, comparée à la renommée du second. La grande renommée de l'abbé Delille s'est effacée tout d'un coup; nul ne sauroit dire ni comment ni pourquoi; mais elle s'est effacée avec une rapidité effrayante. La gloire de M. de Chateaubriand s'en va s'élevant encore de jour en jour. Seule, elle domine tout ce siècle de géants. C'est la seule gloire de ce temps-ci, avec la gloire de l'Empereur, qui ait toujours été en grandissant dans la pensée et dans l'amour des peuples. Le premier éclat de cette gloire a couvert l'Europe; il a inquiété celui qui devoit être l'Empereur. La France, étonnée et charmée, est allée avec transport au-devant de ce noble poète, qui lui parloit de toutes ses vertus oubliées. Puis tout d'un coup, quand il eut bien chanté, elle se dit : « Voilà un orateur; » et elle l'a pris dans la poésie pour le jeter dans les affaires. Et lui aussi il a suffi à toutes les révolutions politiques et à toutes les révolutions poétiques de son temps. Après avoir été le plus grand poète de notre âge, il en a été le plus excellent orateur ; orateur par la parole, par la pensée, par les convictions, par les plus nobles et les plus difficiles vertus oratoires ; l'orateur le plus croyant de son époque, pour tout dire en un mot.

Toutefois[1], même dans cette vie si occupée, même dans cette prose si active, si passionnée, si admirablement colorée, et dont les nuances adorables suffisoient merveilleusement à tous les besoins de sa pensée, M. de Chateaubriand n'avoit pas tellement renoncé aux anciennes formes poétiques que, de temps à autre, il n'y revînt avec délices. Ce grand novateur, qui est le maitre et le point de départ de la poésie moderne, a professé toute sa vie une grande et sincère admiration pour les modèles. Le dix-septième siècle tout entier a toujours été, pour M. de Chateaubriand, une croyance. Il n'a jamais séparé, dans son admiration et dans ses respects, les trois maitres de cette grande et noble époque. Louis XIV, Bossuet et Despréaux. Louis XIV, voilà pour l'autorité ; Bossuet, voilà pour la croyance ; Despréaux, voilà pour le goût. Chacun de ces trois grands maitres a été un despote tout puissant dans son art. Louis XIV lui-même n'étoit pas une volonté plus forte que Bossuet ; l'auteur de *l'Art poétique* étoit aussi convaincu que l'auteur du *Discours sur l'Histoire universelle*. Il est donc arrivé plus d'une fois à M. de Chateau-

---

[1] *Voyez* la note à la fin du volume.

briand, dans ses trop rares instants de loisir, de laisser la prose pour le vers, et d'essayer de cette langue à part, qu'on appeloit *la langue des dieux*, avant de connoître la langue de M. de Chateaubriand. Que de fois le grand écrivain, fatigué de tant de travaux qui étoient sa gloire et notre espérance, s'est-il complu à renfermer dans les gracieuses stances d'une élégie, cette abondante pensée qui l'obsédoit! Que de fois a-t-il placé, au-devant des passions de son cœur, la rime difficile des vers françois, comme une barrière qui devoit arrêter les flots bouillonnants de ses regrets et de ses souvenirs! Que de belles nuits de printemps, et que de sombres nuits d'hiver, il a passées délicieusement occupé de douces rimes, s'amusant à dompter la rime, comme faisoit Boileau, la cherchant au coin du bois, l'appelant auprès du feu, heureux comme un enfant de génie, quand la rime venoit enfin, esclave obéissante et timide, au secours de sa pensée! Eh bien, ce sont quelques uns de ces vers, délassement de ce grand génie; ce sont quelques uns de ces soupirs, exhalés dans ce langage qui lui étoit si nouveau; ce sont quelques unes de ces rimes, si remplies d'idées, mêlées à quelques sévères ouvrages politiques, que nous appelons — *Poésies de M. de Chateaubriand.*

Entre autres événements de cette poésie, qui laissera sa trace dans le souvenir des hommes, voici des faits qui vous feront comprendre comment rien ne peut être indifférent dans la vie et dans les ouvrages d'un homme comme M. de Chateaubriand.

Après la révolution de juillet, M. de Chateaubriand, qui, du haut de la tribune de la Chambre des Pairs, avoit fait ce solennel adieu de la fidélité à la monarchie de Charles X, monarchie perdue par sa propre faute, vivoit tranquille et retiré, loin des hommes, dans cette maison si cachée et si modeste de la rue d'Enfer, dont nous saluons tous le seuil avec respect. Un jour, cette demeure sacrée est envahie. La force publique entre chez M. de Chateaubriand, comme elle seroit entrée chez quelque jeune conspirateur de la rue Saint-Jacques. — Que pensez-vous que faisoit alors M. de Chateaubriand? Les larmes dans les yeux et le cœur gonflé d'amertume, il écrivoit cette ode, si douce et si triste, sur la mort d'une jeune fille, la fille d'un ami, qu'il avoit enterrée! Telle étoit la grande conspiration de l'ancien ministre de Charles X !

JEUNE FILLE ET JEUNE FLEUR.

Il descend le cercueil, et les roses sans taches
Qu'un père y déposa, tribut de sa douleur,
Terre, tu les portas! et maintenant tu caches
    Jeune fille et jeune fleur.

Sur la tombe récente, un père qui s'incline
De la vierge expirée a déjà la pâleur.
Vieux chêne! le temps a fauché sur ta racine
    Jeune fille et jeune fleur.

Ah ! ne les rends jamais à ce monde profane,
A ce monde de deuil, d'angoisse et de malheur ;
Le vent brise et flétrit, le soleil brûle et fane
　　Jeune fille et jeune fleur.

Tu dors, pauvre Élisa, si légère d'années !
Tu ne crains plus du jour le poids et la chaleur :
Elles ont achevé leurs fraîches matinées,
　　Jeune fille et jeune fleur.

Eh bien, croyez-vous que cette élégie sur la mort d'une enfant, écrite ainsi au milieu des heures les plus sévères de ce temps-ci, à l'instant même où madame la duchesse de Berry descendoit sur le sol de la France, qui, lui, étoit descendu par une révolution, croyez-vous que ces vers interrompus tout à coup par le commissaire de police (le commissaire de police chez M. de Chateaubriand !), ces vers rêvés sur une tombe couverte de roses blanches, commencés par M. de Chateaubriand dans son cabinet, achevés dans une prison, ne seroient pas encore dignes de tout notre intérêt et de tous nos respects, quand bien même ce ne seroit pas là une touchante et adorable élégie, tout-à-fait comparable à l'élégie de Malherbe, qui a rendu immortelle la douleur du président Duperrier et le chaste nom de sa fille :

　　Et rose, elle a vécu ce que vivent les roses,
　　　　L'espace d'un matin ?

Vous savez tous par cœur la plus ravissante petite romance qui ait jamais été composée par un grand poète, dans un moment de regrets et d'abandon :

>Combien j'ai douce souvenance
>Du joli lieu de mon enfance !
>Ma sœur, qu'ils étoient beaux les jours
>>De France !
>O mon pays ! sois mes amours
>>Toujours !

>Te souvient-il que notre mère,
>Au foyer de notre chaumière,
>Nous pressoit sur son cœur joyeux,
>>Ma chère ?
>Et nous baisions ses blancs cheveux
>>Tous deux.

>Ma sœur, te souvient-il encore
>Du château que baignoit la Dore,
>Et de cette tant vieille tour
>>Du Maure,
>Où l'airain sonnoit le retour
>>Du jour ?

>Te souvient-il du lac tranquille
>Qu'effleuroit l'hirondelle agile,
>Du vent qui courboit le roseau
>>Mobile,
>Et du soleil couchant sur l'eau,
>>Si beau ?

>Te souvient-il de cette amie,
>Tendre compagne de ma vie ?

Dans les bois en cueillant la fleur
　　　Jolie,
Hélène appuyait sur mon cœur
　　　Son cœur.

Oh! qui me rendra mon Hélène,
Et ma montagne, et le grand chêne?
Leur souvenir fait tous les jours
　　　Ma peine :
Mon pays sera mes amours
　　　Toujours!

Cette romance est un chef-d'œuvre ; la cadence en est pleine de mélancolie et de douceur. Ce sont des vers tombés du cœur, ou plutôt c'est une larme tombée des yeux de M. de Chateaubriand. Cette romance a fait le tour du monde. Tous tant que nous sommes, nous l'avons entendu chanter à notre mère, et nous la savions chanter, bien avant d'avoir lu une page de M. de Chateaubriand. Et comme un bonheur (surtout en poésie) n'arrive jamais sans l'autre, il est arrivé qu'un pauvre musicien perdu dans la foule, un bonhomme que j'ai connu beaucoup, a trouvé dans ces vers un triste et harmonieux petit air qui en rendoit merveilleusement le sens intime et caché. L'air de la romance réussit autant que les paroles, si bien que, grâce à son poète, ce pauvre et humble musicien, dont je vous dirai le nom tout à l'heure, ne mourra pas.

Eh bien, quand cette romance, qui est devenue un

air national, ne seroit encore qu'une touchante élégie, ne faudroit-il pas la placer avec honneur à côté des plus belles pages de M. de Chateaubriand? Pourtant c'est bien plus qu'une élégie, c'est de l'histoire. Il y a quelque temps déjà (c'étoit au moment où M. de Chateaubriand venoit de lire à quelques amis les premiers chapitres de ses *Mémoires*), un des heureux confidents du grand poète, encore sous le charme de cette magnifique révélation, s'en vint auprès d'une belle dame d'esprit pour lui révéler quelques unes de ses douces impressions. A cette lecture, notre jeune homme, à peine sorti de l'Abbaye-aux-Bois (heureuse retraite qui fut la première confidente de ce chef-d'œuvre inédit! et fasse le ciel qu'il le soit encore long-temps, puisque M. de Chateaubriand ne veut le publier qu'après sa mort), étoit encore si ému et si rempli de cette admiration passionnée qui accompagne toutes les grandes choses, qu'il racontoit à cette aimable femme d'esprit et de cœur tout ce qu'il avoit entendu des *Mémoires de M. de Chateaubriand:* les années d'exil, les années de gloire, cet affreux Paris de 93, cette magnifique Amérique de 94. — « Surtout,
« disoit le jeune homme, ce qui m'a frappé dans les *Mé-*
« *moires* de M. de Chateaubriand, c'est un livre tout
« entier où il raconte son enfance; — le château de Co-
« bourg, — ses hautes tourelles, — sa jeune sœur, —
« et sa mère, sa mère surtout, — et le pas solennel de
« son père, ce rude gentilhomme qui se promène silen-

« cieusement sur les dalles sonores de la vaste salle go-
« thique. Quand le pas s'éloigne, les enfants, rapprochés
« de leur mère auprès de l'âtre, se livrent tout bas à leur
« conversation ordinaire et à leurs terribles, mais déli-
« cieux récits d'apparitions et de fantômes; — quand le
« pas se rapproche, le tendre gazouillement de la mère
« et des enfants s'en va s'affoiblissant peu à peu, jusqu'à
« ce que la douce conversation s'arrête tout-à-fait; puis
« le pas s'éloigne encore, et la conversation recommence.

« — Et notez bien, disoit toujours le même jeune homme
« à cette belle dame, qui l'écoutoit le cou tendu, que ce
« livre de ses *Mémoires*, que M. de Chateaubriand
« n'avoit lu à personne, dont personne ne m'avoit parlé,
« et que j'entendois pour la première fois à coup sûr, il
« me sembloit et il me semble encore que je l'avois déjà
« entendu, non pas une fois, mais vingt fois; il me
« semble que je le savois par cœur; et cette idée me tour-
« mente et me poursuit à ce point que je ne saurois dire
« si ce n'est pas là un rêve que j'ai fait quand je n'étois
« qu'un enfant. »

A quoi la dame, souriant doucement comme sourient
les anges : — « Et moi aussi, dit-elle, je le sais par
« cœur votre chapitre ; je l'ai souvent entendu répéter
« que j'étois bien jeune. » Puis tout d'un coup, se met-
tant à son piano, elle se mit à chanter :

> Combien j'ai douce souvenance
> Du joli lieu de ma naissance !

Et elle chanta si doucement et d'une voix si calme ! — Vous voyez donc que, même cette romance, ce n'est pas une romance : c'est un chapitre anticipé des *Mémoires* de M. de Chateaubriand!

Je vous ai promis le nom du musicien inconnu à qui nous devons cette charmante mélodie : *Combien j'ai douce souvenance!* Cet excellent homme s'appeloit Bédard. Il avoit donné autrefois des leçons de musique à M. de Chateaubriand, dont il ne parloit jamais que les larmes dans les yeux. C'étoit un homme de peu de génie ; mais il avoit eu dans sa vie une idée, et c'est là une de ces bonnes fortunes si rares, une idée ! qu'on a bien le droit d'en être fier toute sa vie. Aussi ce pauvre homme, qui ordinairement étoit modeste comme un honnête ouvrier qui accomplit sa tâche au jour le jour, étoit-il fier et superbe non pas seulement comme un musicien, mais comme un musicien et comme un poète à la fois, quand on lui parloit de M. de Chateaubriand et de *leur* romance. Grâce à cette romance, le pauvre Bédard a passé d'heureux jours ; il n'est pas mort sans avoir, lui aussi, son humble part dans la gloire humaine. Il est vrai que son nom étoit inconnu, et qu'il étoit écrasé sous la popularité de son chef-d'œuvre ; mais il avoit, lui, la conscience de son œuvre, et il en jouissoit. Il n'y a pas fort long-temps que M. Bédard est mort, à Lyon, où il étoit second violon du Grand-Théâtre, trois ans à peine, et si on me demandoit quel est le dernier nom qu'il a prononcé, quel est le dernier air qu'il a murmuré à son lit de mort, je ne serois pas embarrassé de le dire, assurément. Mais revenons aux poésies de M. de Chateaubriand.

Les poésies de M. de Chateaubriand ont eu leur influence, tout comme la moindre page échappée à ce grand génie. Tous les poètes de France, les jeunes et les vieux poètes, le voyant, lui aussi, s'abandonner à la passion des vers, se sont pris à estimer de nouveau cette noble profession de la poésie scandée, que M. de Chateaubriand lui-même n'avoit pas dédaignée. De nos jours, quelle est, je vous prie, la jeune muse qui ne se soit pas adressée à M. de Chateaubriand? quel est le jeune talent qu'il n'ait pas encouragé de ses éloges? quelle est l'espérance qu'il n'ait pas embellie? quel est le désespoir qu'il n'ait pas changé en courage? M. de Chateaubriand est la Providence visible et la consolation infatigable de tant de pauvres jeunes poètes qui sans lui se seroient perdus! Les malheureux jeunes gens qui sont morts désespérant de l'avenir avant le temps, et portant sur eux-mêmes des mains violentes et criminelles, nul doute qu'une parole de M. de Chateaubriand ne les eût sauvés, s'ils lui avoient tendu leur poésie suppliante. Voilà comment ce volume, intitulé *Poésies*, a été toute une source de consolations et d'espérances pour tous les poètes en vers. Ils auroient désespéré de leur avenir s'ils n'avoient pas eu pour confrère en poésie M. de Chateaubriand.

Et non seulement M. de Chateaubriand a été le conseil et l'espérance des jeunes poètes vivants qui venoient à lui, mais encore il a mené leur deuil quand ils sont morts, mais encore il a consolé leurs tristes parents qui les pleuroient. Dernièrement encore, par un triste jour d'hiver, et la tête découverte, il a suivi le convoi de cette jeune et intéressante Élisa Mercœur, morte si pauvre et si remplie du feu sacré. Quand Élisa Mercœur fut dans la tombe, la voix de M. de Chateaubriand consola sa mère. Nous avons sous les yeux une lettre de lui au père inconsolable d'une autre enfant plus jeune encore, un grand poète celle-là, qui est morte à quinze ans. Elle s'appeloit Alphonsine Cotte; elle donnoit les plus belles espérances; elle étoit le noble orgueil de sa famille. Quand elle mourut, son père désespéré, ne sachant plus à quel saint se vouer dans le ciel, envoya les vers de sa fille à M. de Chateaubriand, et il en reçut cette touchante réponse :

« Mauvais juge en poésie, mais bon juge en douleur, je sens quelle doit être la vôtre. Rien ne me paroît plus touchant, et n'offre une image plus triste et plus gracieuse à la fois, qu'une jeune fille chantant elle-même sa mort, et disant à propos de son père :

S'il vient, ah! que sa fille ouvre encore au sourire
Une bouche flétrie, un œil foible et mourant!
Oui! ranimons la mort; devant lui si j'expire,
 Que je meure en lui souriant.

« *Carmina jam moriens canit exequialia*. Tout cela, Monsieur, peut exciter l'admiration d'un étranger, mais ne console pas un père. La jeune muse n'est plus; la France, qui a renié tant de souvenirs, avoit cependant besoin, pour les remplacer, de conserver ses espérances.

« Recevez, je vous prie, Monsieur, avec mes remerciments empressés, l'assurance de ma considération très distinguée.

« Chateaubriand [1]. »

---

[1] Le nom et les suffrages de M. de Chateaubriand protégent le nom de mademoiselle Cotte. Nous ne pouvons nous refuser à citer quelques beaux vers de ce jeune poète que la mort nous a ravi.

> Iphis mourante à son aurore,
> Au sentier de la mort se traînoit à pas lents :
> Sa lyre murmuroit encore
> Ses dernières douleurs et ses derniers accents :
>
> « Douce interprète de mes larmes,
> O lyre à qui j'aimois à confier mon cœur,
> Sur un père éperdu recueille mes alarmes;
> Va désormais pour moi parler à sa douleur.
>
> « Soutiens ma voix, divin génie!
> Ta main, quand je péris, me doit tous ses trésors.
> Viens à moi, non point tel qu'au matin de ma vie,
> Lorsque tu m'embrasas de tes premiers transports.
>
> « Viens; mais tenant déjà la torche funéraire,
> Les yeux mouillés de pleurs, le front chargé de deuil,
> Effeuillant sur ma tête une fleur éphémère,
> Suivant avec mon père une fille au cercueil!
>
> « O père infortuné, seul objet de mes larmes,
> Non, je ne pleure pas mes destins rigoureux :

Le morceau le plus important de ce volume de poésies, c'est la tragédie de *Moïse*, souvenir vivant de l'*Athalie* de Racine. Cette tragédie, ou si vous aimez

Si ma vie est rompue, elle eut pour moi des charmes,
Et j'ai vécu long-temps dans quelques jours heureux.
Mais laisser le mortel qui forma son enfance,
Quand l'enfer contre lui s'armoit de sa bonté!
Mourir, et cependant de ma reconnoissance
　　　Le tribut n'est point acquitté!

« Ah! j'espérois un jour soutenir sa vieillesse,
　　Comme il soutint mes jeunes ans,
Déjà, dans mon espoir, de larmes de tendresse
　　Je crus baigner ses cheveux blancs :

« Je crus le voir un jour comblé d'ans et de joie,
Me bénir, m'embrasser, expirer dans mes bras.....
Et mes jours, de la mort seront bientôt la proie!
Et je vais le couvrir du deuil de mon trépas!

....
....

« Il sort... cruels adieux!... Tandis que je respire,
Je veux pleurer celui qui faisoit mon orgueil.
Pour la dernière fois, éveille-toi, ma lyre :
Hâtons-nous d'exhaler les accents du cercueil.

　　« Voix consolante de mon père,
Encore quelques jours, encor quelques instants,
Je ne l'entendrai plus! au marbre funéraire
Elle ira se répandre en longs gémissements.

« Son regard dans mes traits sembloit chercher la vie,
Et mes traits, malgré moi, trahissoient mes tourments.
Il m'a serré la main...— O fille trop chérie,
　　Tu m'aimeras encor long-temps?
Quel fléau sur ton front imprime ce ravage?
Mais non, je me trompois... Je ne crains rien pour toi.

mieux, ce poëme en vers de M. de Chateaubriand, mérite toute l'attention et tout l'intérêt de la critique. C'est une noble étude à faire celle-là, M. de Chateaubriand

— Oui, mon père, en mon cœur je sens le doux présage
D'un heureux avenir : dissipe ton effroi.
Tes yeux versent des pleurs!— Oui, je vois la colline
Où de tes premiers chants tu m'offris les essais :
Tu lisois... A la voix de ma jeune Corinne,
Avec tout l'univers déjà je t'admirois :
Des arts, avec orgueil, je voyois la couronne
Déjà ceindre ton front jeune et victorieux.
Oui, j'en jure, ô mon Dieu! le deuil qui m'environne,
    J'irai, je reverrai ces lieux ;
Où ma fille s'assit, j'irai m'asseoir sans cesse,
Y répéter ses vers, et mourir de douleur.....
Où m'égaroit, ô ciel! l'effroi de ma tendresse!
Tu me rendras ma fille et ces jours de bonheur.

« *C'est le chant de la mort!* s'est écrié mon père,
Cygne sacré, des cieux tu ne descendras plus!
Mais Dieu prendra pitié de mon deuil solitaire ;
Il ravira le père où seront tes vertus.

« O vierge que j'aimois, s'écria le génie
En abaissant vers moi des yeux pleins de pitié,
Tu meurs; mais si je perds une nymphe chérie,
Je sauverois d'Iphis la plus noble moitié.

« Iphis étoit ma fille... Ah! consolez un père :
Pères d'enfants chéris, vous êtes mes enfants.
Votre sœur dans mes bras a fermé sa paupière ;
Ah! sauvons de l'oubli ses mânes triomphants.
« Au printemps de ses jours, victime condamnée,
    Qu'elle descende couronnée
        Au funèbre séjour.

Votre puissante voix est la voix du génie ;
Elle ouvre les tombeaux, et rend un nouveau jour.

luttant corps à corps avec Racine, et trouvant *Moïse* à la même source sacrée où furent trouvées *Esther* et *Athalie*. Même à ce propos, il se trouve que celui qui écrit ces pages peut parler du *Moïse* de M. de Chateaubriand mieux que personne, beaucoup mieux que M. de Chateaubriand lui-même; car M. de Chateaubriand n'a pas vu jouer sa tragédie, et je l'ai vu jouer trois fois, moi qui vous parle, et j'en ai bien compris toutes les beautés, toutes les passions, tout l'intérêt. Voici, au reste, ce que j'en écrivois quand cette belle poésie parut sur le théâtre de Versailles, il y a bientôt deux ans déjà :

4 Octobre 1834.

Vous avez lu la lettre de M. Chateaubriand à propos de son *Moïse*, et vous savez déjà comment, sollicité par l'intelligent directeur du théâtre de Versailles, M. de Chateaubriand n'a pas pu lui refuser la permission de jouer sa tragédie, et comment, avec tout désintéressement poétique, le grand écrivain a laissé son œuvre devenir ce qu'elle pouvoit devenir, livrée, sur un théâtre

> En apprenant qu'Iphis reçoit une autre vie,
> Que son père mortel se console, et s'écrie :
> *Le dieu qui l'inspiroit la rend à mon amour!* »
>
> Ainsi chantoit Iphis : sa lyre languissante
> Murmuroit... s'éteignoit... comme un écho lointain ;
> Et sa muse expira sur sa lèvre expirante
>   Le lendemain !

de province, à des comédiens de province, à des décorations de province. Nous ne vous répéterons donc pas ce que vous a appris M. de Chateaubriand dans sa lettre. Toujours est-il cependant que, plus ami de la belle tragédie de M. de Chateaubriand qu'il ne l'est lui-même, nous l'avons suivie à Versailles, comme ont fait tous les amis du grand poète, ses vieux amis qui l'ont vu grandir, ses jeunes amis qui sont grandis à son ombre, fidèles courtisans, les uns et les autres, du grand génie de la France. On eût joué la tragédie de M. de Chateaubriand dans quelque village ignoré de la Bretagne, que nous l'aurions suivie dans ce village de la Bretagne.

Je ne crois pas que jamais le génie de M. de Chateaubriand ait été mis à une épreuve plus difficile que celle-là. Ecrire un poëme en vers! une tragédie! une tragédie classique! jouée de notre temps, après *le Roi s'amuse* et *Lucrèce Borgia!* Comment espérer qu'il auroit jamais pu se soumettre ainsi au joug de la rime, lui, le grand poète en prose, qui a vaincu la rime sous le rhythme mélodieux, sonore et cadencé de sa prose admirable? Comment pouvoit-on espérer qu'il s'efforceroit de renfermer son sujet dans l'unité classique, lui, le grand oseur qui avoit franchi toutes les règles aile déployée, ou plutôt qui s'étoit fait à lui-même cet art poétique à l'aide duquel il a écrit tous ses chefs-d'œuvre, *le Génie du Christianisme, les Martyrs, Atala, René; René!* ce point de départ de la littérature moderne? Eh bien!

je me hâte de vous rassurer ; cette grande difficulté du vers françois, du vers alexandrin, et même cette difficulté plus grande du vers lyrique transporté par Racine du théâtre grec dans la tragédie françoise, cette difficulté non moins grande pour lui, si habitué à être son maître et à marcher où il veut, de se renfermer dans les doubles limites de l'unité, M. de Chateaubriand les a vaincues non seulement avec cette facilité habile autant qu'élégante qui n'appartient qu'au grand talent, mais avec ce rare bonheur qui est le fait des hommes de génie. M. de Chateaubriand a prouvé, dans sa tragédie de *Moïse*, que dès qu'un homme est poète, peu importe la langue qu'il adopte, vers ou prose. Aussi, dès les premières scènes de ce grand ouvrage, nous avons vu tout ce public parisien rester attentif, et applaudir ces beaux vers comme il applaudiroit une tragédie de Racine, fille jumelle de l'*Athalie*, perdue depuis long-temps et retrouvée par hasard, qu'auroit écrite en courant et avant de mourir, sur les marges d'une vieille Bible, l'auteur d'*Athalie* et d'*Esther*.

Le sujet de cette tragédie, comme le dit M. de Chateaubriand lui-même, *est la première idolâtrie des Hébreux*. Chaque révolte de ce peuple aveugle, que poussoit une si grande lumière, compromettoit le sort et l'avenir du monde. Sous ce rapport, chacune des révoltes du peuple juif est un drame du plus grand intérêt, et d'un intérêt tout-à-fait dramatique ; sous ce rapport encore, Moïse est non seulement l'envoyé de Dieu, mais c'est encore un législateur, un conquérant, un voyageur, un grand homme dans toute l'acception du mot, et par conséquent un personnage dramatique. Ainsi l'a vu M. de Chateaubriand, avec ce regard d'aigle qu'il a jeté sur la Bible, sans être jamais ébloui de ses profondes clartés. La sortie de l'Égypte du peuple juif, sous la conduite de Moïse, est à la fois un dogme et une histoire. De ce dogme et de cette histoire, de l'homme du mont Sinaï qui en redescend au milieu du tonnerre et des éclairs, et de l'homme qui marche à la tête d'un peuple, ouvrant les fleuves devant ce peuple, lui donnant à boire quand il a soif, à manger quand il a faim, et de l'ombre dans la chaleur; de ces deux parties de Moïse, l'homme et le dieu, le législateur et le saint, le prophète et le guerrier, M. de Chateaubriand a fait sa tragédie. Il a donc été forcé de donner à sa tragédie la forme du drame, voilà pour ce que l'Histoire sainte a d'humain; et la forme lyrique, voilà pour ce que la Bible a de divin et de mystérieux. Aussi son drame sera-t-il tantôt une tragédie, et tantôt une ode; tantôt le développement des deux grandes passions de l'homme, la superstition et l'amour, les plus excusables des passions humaines, puisqu'elles tiennent à notre nature; tantôt la manifestation subite, inexplicable, de la volonté céleste, qui arrive portée par le tonnerre, ce grand et nouveau personnage qui joue un rôle si important dans le drame lyrique. Vous comprenez tout d'un coup ce qu'il a fallu d'imagination pour trouver un drame pareil, ce qu'il a fallu de puissance pour le mettre en œuvre, ce qu'il a fallu de grand style pour suffire à cette double émotion, dramatique et lyrique à la fois. Les passions des hommes, et, disons-le, la passion de Dieu, mises en présence dans la même action dramatique! voilà le véritable sujet de la tragédie de M. de Chateaubriand.

Lui-même encore, il prend soin de bien expliquer l'époque précise de son drame; car, au milieu de toutes les révoltes de ce stupide et privilégié peuple juif, qui ne voit pas venir la terre promise, il y a de quoi se perdre. Les Israélites, conduits par Moïse et poursuivis par Pharaon, sortirent d'Égypte et passèrent la mer Rouge; ils emportèrent avec eux les os de Joseph, selon que Joseph le leur avoit fait promettre sous serment, en leur disant : « Dieu vous visitera ; emportez d'ici mes os avec vous! »

Après le passage de la mer Rouge, Marie, sœur d'Aaron, chante le cantique d'actions de grâces au Seigneur. Le peuple de Dieu entre alors dans la solitude de Sur ; puis il vint à Mara, où Moïse adoucit les eaux amères; de Mara, ils arrivèrent à Elim ; d'Elim, à Sin, où déjà ils regrettoient tout haut l'abondance de la terre d'Egypte. Cependant ils continuèrent leur chemin jusqu'au désert d'Oreb.

A Raphidim, Josué rencontra les Amalécites, ennemis du peuple de Dieu, et les Hébreux les mirent en pièces. Enfin ils arrivèrent au pied du mont Sinaï. Moïse alla parler à Dieu, qui l'appeloit au haut de la montagne. Le troisième jour, on commença à entendre du tonnerre, et à voir briller les éclairs. Moïse parloit à Dieu, et Dieu lui répondoit. Le Seigneur promulgua ses lois au milieu de la foudre; il donna à Moïse les Tables du témoignage, qui étoient de pierre et écrites du doigt de Dieu. Moïse descendit de la montagne avec les Tables. Il ouït du tumulte dans le camp; il reconnut que c'étoient des voix qui chantoient.

C'est que, pendant l'absence de Moïse, le peuple s'étoit fait un veau d'or, et il l'adoroit avec des chants et des danses. C'est à ce moment solennel que commence la tragédie de M. de Chateaubriand.

Le théâtre représente le désert de Sinaï. Ici le poète, qui s'étoit fait lui-même son propre décorateur; car c'est là le plus puissant des peintres, et il représente merveilleusement tout ce qu'il voit dans son âme avec l'œil de son esprit, comme dit Hamlet. Il avoit donc supposé que le théâtre représentoit un vaste désert. « On voit, à
« droite, le camp des douze tribus, dont les tentes, faites
« de peaux de brebis noires, sont entremêlées de cha-
« meaux, de dromadaires, d'onagres, de cavales, de
« moutons et de chèvres; on voit, à gauche, la roche
« d'Oreb frappée par Moïse, et d'où sort une source; le
« cercueil de Joseph repose sous quelques palmiers; le

« fond du théâtre offre de vastes plaines de sable, par-
« semées de buissons de nopals et d'aloès, terminées,
« d'un côté, par la mer Rouge, et de l'autre, par les
« monts Oreb et Sinaï, dont les croupes viennent border
« l'avant-scène. »

Certainement une pareille décoration ne seroit pas de trop pour un pareil génie ; malheureusement ce sont là des tableaux qui n'existent que dans la tête du génie. Il seroit impossible, même au théâtre de l'Opéra, d'en réaliser la centième partie. Tout ce qu'a pu faire le pauvre théâtre de Versailles, c'est de faire badigeonner une toile aussi orientalement que possible. Mais qu'importe la décoration ? M. de Chateaubriand ne s'est peut-être amusé à la faire impossible qu'afin de donner au directeur un bon prétexte pour ne faire qu'une toile rougeâtre, pour orner quelques palmiers composés de trois lattes vertes, et pour illuminer tout ce vaste désert par le bec huileux de cinq ou six quinquets.

La tragédie commence. Nadab, fils d'Aaron, est en proie à la douleur ; l'amour le brûle ; mais digne encore de son père, le jeune Israélite combat son funeste penchant. C'est en vain qu'Aaron l'appelle ; Nadab n'entend pas la voix de son père. Depuis le jour où il a rencontré la belle Arzane, reine des Amalécites, Nadab a perdu toute la force de sa grande mission. Ce premier acte est une exposition excellente, et il se termine par un admirable chœur. C'est le chœur du Midi :

POÉSIES.

UNE JEUNE FILLE.

Mais qui me gardera sous l'aile de ma mère,
Moïse a disparu; Moïse étoit mon père!
O terre de Gessen, prés émaillés de fleurs
    Où je cueillois ma parure;
Comme un jeune olivier privé d'une onde pure,
    Je languis et je meurs.

MARIE.

Mes enfants, c'est assez; du palmier immobile
L'ombre se raccourcit sur l'arène stérile.
L'Arabe fuit du jour les traits étincelants,
Et le chameau s'endort dans les sables brûlants.

Acte second. — Paroit Arzane, la belle fille de l'Orient idolâtre. La captive a saisi son vainqueur; Arzane est une des femmes de Racine pour la colère, pour la haine, pour le beau langage; mais elle n'en a pas le cœur. C'est tout-à-fait une création orientale, comme lord Byron en a tant vu dans ses songes d'été[1]. Arzane, en l'absence

---

[1] Voici, à ce propos des vers inédits de M. de Chateaubriand; nous ne croyons pas que, depuis que nos poètes se sont mis à faire de la poésie orientale, ils aient trouvé plus de chaleur, de poésie et de passion.

L'ESCLAVE DU HAREM.

Le vigilant derviche à la prière appelle
Du haut des minarets, teints des feux du couchant.
Voici l'heure au lion qui poursuit la gazelle,
Une rose au jardin, moi je m'en vais cherchant.
Musulmane aux longs yeux, d'un maître que je brave,

de Moïse, veut soumettre à son joug le fils d'Aaron. Nadab lui aussi parle tout-à-fait comme parlent les héros de Racine :

> Vous sauver changea ma vie entière.
> Ce cœur, que vous avez habité la première,
> Vit l'amour se lever terrible et violent
> Comme l'astre du feu dans ce désert brûlant.
> Le repos pour jamais s'envola de mon âme,
> Mon esprit s'égara dans des rêves de flamme.
> Dans les champs de l'Arabe et loin des yeux jaloux,
> Mon bonheur eût été de me perdre avec vous.
> De toi seule connue, à toi seule asservie,
> L'Orient solitaire auroit caché ma vie.
> Pour appui, du palmier empruntant un rameau
> Le jour, j'aurois guidé ton paisible chameau;
>
>   Fille délicieuse, amante des concerts,
>   Est-il un sort plus doux que d'être ton esclave,
>   Toi que je sers?
>
>   Jadis, lorsque mon bras faisoit voler la prame
>   Sur le fluide azur de l'abime calmé,
>   Du sombre désespoir les pleurs mouilloient ma rame.
>   Un charme m'a guéri : j'aime et je suis aimé.
>   Le noir rocher me plaît ; la tour que le flot lave
>   Me sourit maintenant aux grèves de ces mers :
>   Le flambeau du signal y luit pour ton esclave,
>   Toi que je sers !
>
>   Belle et divine es-tu, dans toute la parure,
>   Quand la nuit, au harem, je glisse un pied furtif;
>   Les tapis, l'aloès, les fleurs et l'onde pure,
>   Sont par toi prodigués à ton jeune captif.
>   Quel bonheur, au milieu du péril que j'aggrave,
>   T'entourer de mes bras, te parer de mes fers,
>   Mêler à tes colliers l'anneau de ton esclave,
>   Toi que je sers !

Le soir, au bord riant d'une source ignorée,
J'aurois offert la coupe à ta bouche altérée,
Et sous la simple tente, oubliant Israël,
Pressé contre mon cœur la nouvelle Rachel.

Les charmants vers! Et l'instant d'après, comme pour obéir au fils d'Aaron, voici le chœur qui chante l'Amour. Ne diroit-on pas ce beau chœur, dans l'*Hippolyte* d'Euripide, si bien traduit par Sénèque le tragique, une première fois?

Amour, tout chérit tes mystères,
Tout suit tes gracieuses lois;
L'hirondelle au palais des rois,
L'aigle sur les monts solitaires,
Et le passereau sous nos toits.

UNE AMALÉCITE.

Invoquons du Liban la déesse charmante,
De nos longs cheveux d'or que la tresse élégante
Tombe en sacrifice à l'Amour;
Soulevons les enfers, répétons tour à tour
Du berger chaldéen la parole puissante.

UNE AUTRE AMALÉCITE.

Qui méprise l'Amour dans les fers gémira.

DEUX AMALÉCITES.

De prodiges divers l'Amour remplit l'Asie.
Il embauma l'Arabie
Des pleurs de la tendre Myrrha;
Du pur sang d'Adonis il peignit l'anémone:
Fleur des regrets, symbole du plaisir,
Elle vit peu de temps; et le même zéphyr
La fait éclore et la moissonne.

Horace lui-même ne diroit pas mieux.

Troisième acte. — A la fin paroît Moïse. Jusqu'à présent on ne l'a pas vu encore ; mais on a compris qu'il alloit venir. Moïse est seul ; il vient de voir Dieu face à face ; il est chargé des tables de la loi. Le Moïse de M. de Chateaubriand est une belle étude, et cette fois le style du poète s'élève à toute la hauteur des plus grands styles.

Écoutez ces vers ; c'est Moïse qui parle :

>   Dis par quelle bonté, Maître de la nature,
>   Tu daignois t'abaisser jusqu'à ta créature,
>   Et parler en secret à mon cœur raffermi
>   *Comme un ami puissant cause avec son ami.*

Toutes ces paroles de Moïse sont admirables, tous ces vers sont des vers bibliques ; mais quel homme les pourroit dire aujourd'hui, aujourd'hui que Talma est mort ? Ce beau et grand Talma avoit été dans la confidence de cet ouvrage. Le premier, il étoit monté sur le mont Sinaï avec le grand poète, et il en étoit descendu avec lui, et ce poète lui avoit fait toutes ses naïves confidences,

>   *Comme un ami puissant cause avec son ami !*

N'oublions jamais, quand nous entendons réciter de la haute poésie, n'oublions jamais que Talma est mort, que personne ne l'a remplacé, personne, et sachons gré au poète de se hasarder dans ce champ difficile de la poésie tragique sans Talma. Toutefois, telle qu'elle est jouée, cette entrée du Moïse de M. de Chateaubriand a produit un grand effet. Quel bonheur si nous eussions pu voir Talma à l'instant où Moïse, frappé de terreur, prête l'oreille aux accents de joie qui s'échappent du camp des Israélites! Ce sont les mêmes chants d'amour que les femmes amalécites prolongent dans la nuit. Ici le dialogue devient vif et pressé. Moïse, à peine descendu de la montagne, s'abandonnoit à son enthousiasme ; Moïse le législateur veut rétablir l'ordre dans son peuple : son langage est rapide et bref; il rejette ces femmes impures. Le fils d'Aaron, Nadab, poussé par sa passion, veut défendre Arzane, *sa princesse,* comme disoit Racine. Or, voilà la révolte dans le camp.

Acte quatrième. — Mais l'esprit de Dieu soutient Moïse. En vain son peuple se soulève, en vain le doute entre dans l'esprit même des chefs, Moïse reste immobile, Moïse a foi en son œuvre. Écoutez comme il se défend tout seul au milieu de ces hommes de peu de foi. O Talma! où es-tu?

MOÏSE.

Anathème à ta race volage!
Jacob, si par tes mains tu te fais une image!
Que maudit soit ton champ, ton pavillon, ton lit,
Et que sur Gelboé ton figuier soit maudit!
Tombant dans l'avenir d'abîmes en abîmes,
De malheurs en malheurs et de crimes en crimes,
Un jour on te verra couronner tes forfaits
En égorgeant l'Agneau descendu pour la paix.

> Alors, peuple proscrit, dispersé sur la terre,
> Tu traîneras partout ta honte et ta misère;
> Tu viendras, pauvre et nu, enfant déshérité,
> Pleurer sur les débris de ta triste cité;
> Dans ces débris épars trouver, pour ton supplice,
> D'un Dieu ressuscité la tombe accusatrice,
> Et mourir de douleur près du seul monument
> Qui n'aura rien à rendre au jour du jugement.

Je crois que vous serez tous de mon avis, et que vous avouerez qu'il n'y a nulle part de plus beaux vers.

Vous sentez bien que tout l'intérêt d'un drame ainsi conçu ne se compose pas de coups de théâtre. La poétique moderne n'est guère observée dans cette tragédie; c'est une action grave et posée qui marche à son but tout droit et sans détour, et surtout sans surprise. Les aventures entassées dans le drame moderne n'ont rien à voir ici; tout y est simple, grand et naïf, comme le sujet. C'est une belle page arrachée à l'histoire de Moïse. Les scènes de ce quatrième acte qui ne sont pas remplies par Moïse appartiennent à Aaron. On a pleuré à une belle scène entre Aaron et son fils Nadab. Aaron est bien près de l'emporter sur l'esprit du jeune homme; le jeune homme va céder à son père; mais survient sa maîtresse tout en larmes, revient le mol Orient, sous la figure d'Arzane, tenter par ses enchantements ce foible guerrier, au milieu de cette mer de sable qu'il faut traverser avant d'aborder la Terre promise. Arzane l'emporte; Nadab doit la suivre à l'autel des faux dieux.

Alors arrive le chœur des Israélites ; ils viennent pour enlever le cercueil de Joseph, afin qu'il ne soit pas témoin de cette horrible profanation.

Le chœur fait entendre au loin des paroles de courage et d'espérance. L'aurore paroît.

Acte cinquième. — Cependant la révolte du fils d'Aaron a fait de grands ravages. Une partie de ce peuple insensé consent à adorer les idoles. Nadab, indigne fils de son père, va mener à l'autel sa nouvelle conquête. C'en est fait ; le sacrifice va s'accomplir. Moïse paroît. A l'aspect de Moïse, le peuple se tait, les autels des faux dieux sont renversés. Arzane, vaincue, se dévoile enfin, et elle s'écrie, parlant à son amant :

> Fils d'Aaron, dans l'espoir de te perdre toi-même,
> J'avois, pour mon supplice, eu la foiblesse extrême
> De me vouloir sauver en me donnant à toi ;
> Mais cet effort étoit trop au-dessus de moi.

Ce mouvement d'Arzane a étonné ; mais, croyez-moi, il est beau ; il relève ce caractère, en lui ôtant tout ce qui pouvoit le faire ressembler au caractère des conspirateurs vulgaires. Écoutez les beaux vers que le poète a mis dans la bouche de Nadab :

> Ta malédiction, Aaron infortuné,
> Comme un manteau brûlant couvre ton premier-né!
> Tu ne m'entendras plus te parler, te sourire ;
> Tu ne me verras plus chaque matin te dire :

« Viens, mon père, au soleil réchauffer tes vieux ans,
« Viens prier l'Éternel et bénir tes enfants! »

MOÏSE (au peuple).

Oui, vous serez punis! Il faudra que l'épée
Cherche encor parmi vous la victime échappée.
Vous mourrez au désert, et vos jeunes enfants
Dans Jéricho, sans vous, entreront triomphants.
Caleb et Josué, sauvés par le Dieu juste,
Seuls du sacré Jourdain passeront l'onde auguste.
Moi-même, tout flétri de votre iniquité,
Du pays de Jacob je serai rejeté.
Salut, mont Abarim, d'où les yeux de Moïse
Découvriront les bords de la Terre promise,
Abarim où, chantant mon cantique de mort,
Je bénirai ce peuple, en un tendre transport!

Telle est cette tragédie, grande et difficile composition qui a gagné au théâtre tout ce qu'on disoit qu'elle devoit perdre; qui a prouvé au théâtre une chose dont quelques uns doutoient à la lecture, à savoir, que M. de Chateaubriand étoit un grand poète en vers. C'est là, en effet, un grand style, inspiré, passionné, hardi, décrivant tout ce qu'il veut décrire, parfaitement empreint de la double couleur orientale, la passion et la croyance; le croyant qui souffre et qui espère, l'idolâtre qui jouit de la vie et qui ne sait rien au-delà; l'esprit et les sens. Selon nous, M. de Chateaubriand, quand il fit cette tragédie avoit trop compté sur la décoration extérieure, et trop peu sur son œuvre même. Ces tentes, ces chameaux, ces onagres, ce vaste désert, ce mont

Sinaï, tous les mesquins effets d'optique sur lesquels ce grand homme avoit la bonhomie de compter, outre qu'ils étoient impossibles, heureusement pour lui, devoient plutôt compromettre son œuvre que la servir.

Ses chœurs, qui sont des chefs-d'œuvre de poésie lyrique, ont été gâtés pour la plupart par la musique dont on les a surchargés (exceptons-en toutefois le beau chœur des femmes amalécites). L'effet de la dernière scène du dernier acte a été manqué par une mauvaise décoration. En général, la décoration tue la tragédie; elle ne sert que l'opéra. Elle a donné le coup de grâce à ce qu'on appelle le drame moderne. Voilà ce que M. de Chateaubriand n'a pas voulu voir. Il avoit craint de se hasarder tout seul sur le théâtre Français tel qu'il est, sans chameaux, sans cavales, sans onagres, sans montagnes; eh bien! je suis sûr que le *Moïse* au théâtre Français auroit été écouté avec admiration. Une seule chose manque donc à ce nouveau succès de M. de Chateaubriand : ce ne sont pas les décorations, ce ne sont pas les cavales, ce ne sont pas les onagres, ce ne sont pas même les comédiens : c'est un comédien, le seul comédien, la grande intelligence dramatique qui est morte, et qui auroit fait de Moïse, à lui tout seul, une tragédie qu'on n'avoit pas jouée avant lui, qu'on n'auroit plus jouée après lui. Mais Talma est mort; il n'y a que les ânes, les cavales et les onagres qui sont immortels.

De tout ce que j'ai dit, il résulte que M. de Chateaubriand est sorti vainqueur d'une épreuve dans laquelle son *Moïse* s'est présenté tout seul, privé de tout appui. En effet, jamais œuvre littéraire ne fut plus abandonnée à elle-même, plus livrée toute seule à son sort. Montée par hasard, répétée loin de l'auteur, jouée par de pauvres et honnêtes comédiens de mélodrame, chantée par des chœurs d'opéra comique, accompagnée par un orchestre d'amateurs, entourée d'une décoration prétentieuse, mais lourde et sans effet; jouée en province, loin de Paris, la ville de M. de Chateaubriand, la ville qui l'a porté si souvent avec transport dans ses bras, comme fait une bonne mère pour l'enfant qu'elle aime, comme fait un noble enfant pour le père dont il est fier : voilà les épreuves, insurmontables pour tout autre, à travers lesquelles le *Moïse* a dû passer. Ajoutons la plus difficile de toutes les épreuves, quelques uns de ces hommes qu'on retrouve même au milieu des plus nobles parterres, et qui n'ont pas d'autre bonheur que d'insulter les plus grands noms et les plus beaux ouvrages, ingrats et lâches qu'ils sont!

Que Paris venge son poète; que Paris le fasse en toute hâte ce pélerinage poétique : Paris n'a plus guère que quelques beaux jours pour aller entendre le *Moïse* de M. de Chateaubriand!

13 octobre 1834.

Je suis allé entendre une seconde fois le *Moïse* de M. de Chateaubriand : il faut être fidèle au culte de ses dieux! Comme je vous le disois l'autre jour, c'est là un pélerinage poétique. Partir de Paris à deux heures, traverser cette grande route par laquelle tout le dix-septième siècle a passé, ce chemin de Versailles à Paris, traversé par la royauté de France dans des appareils si divers et pour des causes si différentes. Au bord de ces chemins, quand passoit Louis XIV, ses sujets s'agenouilloient dans la poussière; deux rois plus tard, ces mêmes sujets s'en alloient à main armée chercher de force le petit-fils de Louis XIV, lui, sa femme, sa sœur, son enfant; et, du château de Versailles, cette monarchie de tant de siècles passoit dans les prisons, et de là à l'échafaud. Quel drame de gloire et d'infamie s'est passé sur cette grande route, aujourd'hui si tranquille! Aujourd'hui la bourgeoisie a remplacé la cour; elle va à Versailles pour voir jouer les eaux, elle en revient au galop des chevaux de coucou; elle est la reine de ces beaux lieux, reine paisible et sans peur, et à l'abri de toute calomnie. Demandez à qui appartient le château de Louis XIV aujourd'hui. Il appartient au premier bourgeois qui s'y vient promener avec sa femme et ses enfants. Ils foulent tranquillement ces belles allées où passèrent comme un songe tant de grandeurs et tant de beautés : le grand Condé, M. de Turenne Racine, Molière, La Vallière, Montespan.

Le château de Versailles est beau, surtout quand vient l'automne souffler de sa tiède haleine sur la feuille qui jaunit et qui tombe. Alors, quand toute verdure a cessé, quand tout oiseau fait silence, quand les eaux dorment dans leur prison de plomb, quand le buis seul, ce buis taillé par Le Nôtre en pyramides factices, jette seul sur tout cet ensemble son éternelle, languissante et monotone verdure ; alors, quand toutes les statues du parc, ce peuple de marbre et de bronze, apparoit tout nu et tout froid à travers ces charmilles dépouillées, alors seulement, au milieu de cette désolation des jardins qui s'accorde si bien avec le silence du palais, le château de Versailles vous apparoit dans toute sa beauté historique. Il est grand, il est froid, il est solennel. Levez la tête ; peut-être que Louis XIV va se mettre là-haut, à son balcon de marbre. Prêtez l'oreille ! N'entendez-vous pas Bossuet qui se promène dans l'allée des Philosophes ? Quelle est cette robe blanche qui étincelle là-bas, non loin des bains d'Apollon ? Éloignons-nous, c'est la belle Fontanges qui ne veut pas être vue. Le château de Versailles est le seul château du monde qui perde sa beauté au printemps, quand tout s'éveille, quand le soleil est chaud, quand l'eau murmure, quand l'oiseau chante dans l'air. Mais aussi, quand ces vastes jardins ne sont plus que désolation et silence, quand la lune se lève dans le ciel jetant une clarté mourante sur ces marbres morts, enveloppant de son silence éternel tout ce grand silence royal, quelle joie d'être seul à parcourir ces grandes allées; à se perdre dans ces sinueux détours, à contempler ces grands arbres tout ridés, témoins de tant de mystères, à poser son pied sur ce sable effleuré par tant de pieds légers ! Quelle joie et quel orgueil de se dire : « A cette heure, me voilà l'héritier de Louis XIV; à cette heure, je foule le sol de Louis XV; à cette heure, je suis assis sur le même banc de pierre où la reine Marie-Antoinette venoit s'asseoir pour entendre les sons lointains de la musique, par une belle soirée d'été ! »

Et je vous assure qu'une pareille promenade dans ces jardins si vastes et si déserts est une des meilleures préparations que je sache pour entendre une tragédie comme le *Moïse* de M. de Chateaubriand. Naturellement, à force de contempler cette demeure du grand siècle; à force de se reporter par le souvenir dans cette belle époque du génie français; quand la langue, comme la nation, étoit soumise à une règle inviolable; quand la poésie avoit besoin, pour se produire au dehors, de la double sanction de Dieu et du roi; quand c'étoient Louis XIV et Bossuet qui étoient les juges suprêmes de toute gloire littéraire; on se prend à regretter vivement ces règles sévères qui produisoient de si beaux ouvrages, cette croyance qui soutenoit de si beaux génies. On revient alors avec amour aux chefs-d'œuvre du grand siècle; Racine, et le grand Corneille, et Molière, et Fénelon, vous paroissent plus grands là-haut, dans la galerie de Lebrun, attendant le réveil du roi! Et naturellement, du siècle de Louis XIV vous vous portez au siècle d'Auguste, jusqu'à ce qu'enfin vous alliez d'Auguste à Périclès, réunissant ainsi les trois grandes époques de la même pensée poétique, qui, partie de la Grèce, est venue éclater chez nous après tant de siècles d'attente et de révolutions.

Or une fois que l'esprit s'est élevé si haut, il est peu disposé à retomber au niveau du drame moderne. L'homme qui s'est solennellement promené dans les jardins de Versailles n'est guère disposé à aller voir jouer *Angèle* ou *la Famille Moronval*; ce seroit tomber de trop haut, ce seroit sortir trop brusquement de cette extase poétique! Aller de Racine à M. Alexandre Dumas, passer de cette chaste passion, de cet admirable langage, de ces grands noms du théâtre grec, héros que changeoit un regard de Louis XIV; passer des souvenirs d'Euripide aux passions emportées et brutales, au langage furibond et trivial, à ces souvenirs de la Grève dont se compose le drame moderne, la chose me paroit impossible. Il y a deux siècles, et quels siècles! entre le château de Versailles et le théâtre de la Porte-Saint-Martin. Mais au contraire, qu'au sortir des jardins de Versailles, encore tout rempli de votre mélancolique enthousiasme, si par hasard vous lisez sur l'affiche du théâtre : *Moïse, tragédie en cinq actes et en vers* (en vers!), *par M. de Chateaubriand*, oh! alors voilà votre rêve qui se réalise, voilà votre désir de tout à l'heure qui s'accomplit. Vous allez donc enfin voir une tragédie comme en faisoit Racine, vous allez entendre de nouveau la langue que parloit Louis XIV, vous allez rentrer dans la croyance et dans les enseignements de Bossuet! Voilà pourquoi je vous conseille de passer par les jardins de Versailles avant d'aller voir le *Moïse* de M. de Chateaubriand.

Cette seconde représentation a tenu toutes les promesses du premier jour. On a écouté avec le même bonheur, mêlé de la même surprise, ces vers de tragédie si habilement calqués sur les vers de Racine. C'est la même manière de tout dire noblement, sans reculer devant aucun des détails de sa pensée; c'est la même simplicité élégante, c'est la même passion, naïve et chaste jusque dans ses emportements; comme aussi c'est la même admiration pour la Bible, ce grand livre, ce grand chef-d'œuvre qui a fait Racine et Chateaubriand à un siècle de distance! Voyez à quoi tiennent les réactions! C'est en vain que la tragédie de l'empire abuse à satiété de l'unité de temps et de lieu; c'est en vain qu'elle nous fatigue pendant vingt ans de la plus triste, de la plus mesquine et de la plus froide imitation qui se puisse imaginer; ce calque ridicule et incomplet de la tragédie de Louis XIV, qui a fait tant de mal à Racine dans les esprits incomplets qui ne séparent jamais l'original de la copie et l'homme de génie du plagiaire, n'empêche pas aujourd'hui la tragédie de M. de Chateaubriand de réussir, d'être applaudie et admirée. Au contraire, on diroit, à voir ce public attentif, à voir ces soldats de la garnison, assis sur leur banc, écouter et applaudir, on diroit que ce même public assiste à la découverte d'une pièce dont il a entendu parler autrefois par les anciens, dont cette pièce faisoit les délices. Alors le public nouveau, sans plus se souvenir de la tragédie de l'empire, se prend à aimer cette tragédie en cinq actes, dans laquelle le poète se fie plus à sa poésie qu'aux incidents de son drame, plus à sa passion qu'à la catastrophe de son cinquième acte, plus aux règles établies par les maîtres qu'aux caprices d'une imagination sans règle et sans frein.

En effet, nous avons vu le parterre qui assistoit aux deux premières représentations de *Moïse*. Ce parterre se repose merveilleusement à une tragédie qu'il comprend sans effort; il écoute avec un charme dont il ne peut se rendre compte ces beaux vers dont la rime le charme, plaisir inaccoutumé; bien plus, il est tout fier de lui-même, et il se sait bon gré de s'amuser encore au théâtre sans une grande complication d'événements. Ainsi, plus cette tragédie étoit sévère dans ses formes, sévère dans son style, plus elle étoit sobre d'événements et de déclamations, plus elle s'étoit soumise à l'unité et aux règles les plus strictes, en un mot, plus elle s'étoit rapprochée de la forme et du langage du grand siècle, et plus elle étoit sûre de réussir. Vous demandez pourquoi le succès est venu à la tragédie de *Moïse* plutôt qu'à toute autre tragédie des poètes dramatiques de 1808 et années suivantes ; la raison en est très simple : c'est que M. de Chateaubriand est un homme de génie, pendant que les autres ne sont que des copistes; c'est que M. de Chateaubriand a compris le sens de la tragédie de Racine, pendant que les autres en ont à peine copié la forme ; c'est que M. de Chateaubriand a écrit son *Moïse* sans songer au théâtre, et comme pour se mieux rendre compte de cette belle tragédie de Racine si dédaignée, pendant que *nos tragiques* n'ont songé qu'à produire un misérable effet de théâtre, à l'aide de Talma et de quelques grands acteurs qu'ils avoient sous la main. Justice a été faite des deux parts. M. de Chateaubriand, qui a écrit sa tragédie uniquement pour qu'elle fût lue, obtient un grand succès au théâtre ; nos tragiques, qui ont écrit exclusivement pour le théâtre, ne sont pas plus lus qu'ils ne sont joués, aujourd'hui. C'est qu'en effet, si ces messieurs ont copié *la forme* de Racine, ils ne l'ont copiée que dans ce qu'elle avoit de facile à imiter : l'unité, les cinq actes, le confident et la confidente. Or *la forme* de Racine existe surtout dans son style, et voilà justement ce que ces messieurs n'ont pas su et ne pouvoient pas imiter !

Dans mon premier article, j'ai prouvé, par bien des citations prises au hasard, que M. de Chateaubriand écrivoit le vers alexandrin avec une pureté, avec une grâce admirable. Aussi sa tragédie s'est-elle surtout sauvée par l'expression poétique. Voilà comment l'élève de Racine a marché à côté de son maître ; voilà comment le public, peut-être sans le savoir, a applaudi le maître dans l'élève ; voilà comment les amis de M. de Chateaubriand, qui redoutoient pour le *Moïse* cette difficile épreuve du théâtre, ont été aussi surpris que charmés du succès inattendu qui arrivoit à leur illustre ami. C'est qu'ils n'avoient compté que sur la forme matérielle de l'ancienne tragédie, et qu'ils en ont retrouvé le vieux style. Singulière destinée de M. de Chateaubriand! Quand il est venu dans le monde poétique, son approche a été une révolution. Il a trouvé tout d'abord une langue nouvelle, qui étoit une langue françoise. Il a fait tout d'abord la guerre au scepticisme de Voltaire, qui étoit toute la croyance du dix-huitième siècle. Il a touché le premier, dans le cœur humain, cette corde de la douleur dont lord Byron a abusé, et que M. de Lamartine a tendue sur sa lyre, avec quel bonheur et quelle grâce, vous le savez! En un mot, dans sa poésie, et dans sa philosophie, et dans ses livres, et dans ses rêves, et dans ses voyages sur terre et sur mer ; et dans ses extases en Amérique, dans les forêts vierges et sur les ruines sacrées de la Grèce ; par son observation, par sa pensée, par son style, par ce coup d'œil à la fois ironique et triste qu'il a jeté sur l'histoire et sur le monde, M. de Chateaubriand a été, dans toute la force du mot, un révolutionnaire. C'est comme révolutionnaire que M. de Chateaubriand a fait peur à Bonaparte, cet homme qui avoit étouffé la grande révolution. Eh bien! voilà M. de Chateaubriand, aujourd'hui, qui fait une révolution nouvelle, non pas dans la prose, mais dans les vers; non pas dans le monde, mais au théâtre : révolution rétrograde, celle-là, comme l'autre étoit une révolution en avant. Cette fois, le révolutionnaire revient au vers de Racine, après avoir été plus loin que la prose de Voltaire. Vers et prose, livre ou drame, j'estime que M. de Chateaubriand est l'homme du progrès.

Est-ce à dire que le drame moderne est à sa fin? Est-ce à dire que tant de chaleureux efforts des jeunes esprits de notre temps, pour intéresser ou pour faire peur, vont être remplacés tout d'un coup par des efforts d'un nouveau genre? Est-ce à dire que nous allons revenir tout d'un coup à la simplicité, à la grâce, à l'élégance et surtout aux beaux vers de l'ancienne tragédie? Non pas, certes; nous en sommes trop loin, nous l'avons trop oublié ce beau théâtre françois, notre orgueil; et puis le plus grand empêchement de cette tragédie, c'est qu'il faut qu'elle soit écrite par un poète. Or quel est le poète, excepté quelque artiste désintéressé comme M. de Chateaubriand, qui voudroit écrire une simple tragédie en cinq actes et en vers, comme on les faisoit il y a cent ans?

Toujours est-il cependant que le succès de *Moïse*, si loin de Paris, est fait pour donner beaucoup à réfléchir au petit nombre de poètes qui travaillent aujourd'hui pour le théâtre. Ils comprendront, à l'aspect de ce parterre de province qui prête l'oreille à *Moïse,* parce que *Moïse* est une passion grande et vraie, que le drame moderne néglige trop la passion pour l'action ; ils comprendront, à l'aspect de ce fils d'Aaron qui fait écouter ses plaintes amoureuses par un parterre de soldats, que le drame moderne a trop négligé l'amour, source de toute poésie et de tout intérêt dans les arts ; ils comprendront, en voyant les chœurs de *Moïse* admirés par la foule, que le drame moderne, pour mieux se mettre au niveau du peuple, s'est trop dépouillé de l'élément lyrique, cette inépuisable source de terreur dans le drame grec, à laquelle Racine lui-même a puisé, mais trop tard ; enfin, enfin, à l'aspect de M. de Chateaubriand applaudi au théâtre, contrairement à toutes les habitudes de sa poésie, applaudi en vers, applaudi hors de Paris, nos tragiques modernes comprendront peut-être que tout homme qui écrit pour le théâtre doit être auparavant un grand poète, s'il veut être compris et applaudi de la foule. Voilà comment le succès de *Moïse* sera un succès profitable à la tragédie de notre temps, en la ramenant aux modèles et en la forçant à réfléchir sur les moyens de produire enfin tout l'effet qu'elle cherche vainement depuis dix ans.

Vous avez encore quelques jours pour aller voir le *Moïse*. Je vous répète qu'un ciel triste et doux, et nuageux, est le beau ciel pour voir les jardins de Versailles. Des jardins au théâtre, il n'y a qu'un pas. A l'heure qu'il est, le *Moïse* est beaucoup mieux joué que la première fois. Les acteurs, moins intimidés, sont plus sûrs de leur mémoire; Moïse a eu quelques beaux mouvements; la belle Arzane est mieux entrée dans le secret de son rôle. Arzane a mérité d'autant plus d'éloges, qu'elle n'a été toute sa vie qu'une très piquante, très spirituelle et très jolie soubrette, qui s'appeloit mademoiselle Fitzelier quand nous avions vingt ans et qu'elle en avoit quinze, et qui s'appelle aujourd'hui madame Astruc. A l'heure qu'il est aussi, les décorations, dégagées de tout accessoire inutile, tombent et s'arrangent toutes seules comme si elles avoient passé par l'Opéra. Enfin, il n'y a pas jusqu'aux chœurs qui remplissent beaucoup mieux la tâche difficile d'aller en mesure et de chanter juste. Parmi ces chœurs, il faut toujours distinguer le chœur des femmes amalécites, de M. de Font-Michel, l'auteur du *Gitano*, joué avec un grand succès à Marseille, cet été.

A ceux que le voyage de Versailles pourroit effrayer, je dirai tout bas que le *Moïse* de M. de Chateaubriand viendra sans nul doute les trouver à Paris cet hiver, quand les chemins seront impraticables. Il est vrai que le *Moïse* ne sait pas encore quel théâtre lui ouvrira ses portes ; mais est-il, à Paris, un théâtre qui puisse ne pas ouvrir quand on répondra à son *qui vive?* — Chateaubriand !

Jules Janin.

NOTE.

PAGE 266.

Dans la critique, rien ne vaut que par la comparaison. Tous les jugements du monde ne remplaceront pas un exemple bien trouvé. J'ai bien peur que ce jugement sur l'abbé Delille ne paroisse trop sévère à ses admirateurs. Eh bien! lisez le morceau suivant du poëme de *la Pitié* : sans contredit, c'est une des plus belles pages de l'abbé Delille. Chose rare chez le poète, il a trouvé ce jour-là du sentiment et même des larmes. Et pourtant, même parmi les plus grands admirateurs de ces beaux vers, qui ne préféreroit à tout le poëme de *la Pitié* une seule des pages écrites sur le même sujet, par M. de Chateaubriand?

A peine la Discorde, en ses noirs sacrifices,
Du sang de l'innocence a goûté les prémices,
Sa terrible moisson se poursuit en tout lieu :
Les temples des beaux arts, les demeures de Dieu,
Les lieux où nous prions les puissances célestes,
Des proscrits entassés sont les dépôts funestes.
Tous les bras sont vendus, tous les cœurs sont cruels.
Image de ces dieux, la terreur des mortels,
Dont nul n'ose aborder l'autel impitoyable
Que dégouttant du sang de quelque misérable,

L'idole à qui la France a confié son sort
N'accepte que du sang, ne sourit qu'à la mort.
Femme, enfant, sont voués à son culte terrible;
L'innocente beauté pare sa pompe horrible;
La hache est sans repos, la crainte sans espoir;
Le matin dit les noms des victimes du soir;
L'effroi veille au milieu des familles tremblantes;
Les jours sont inquiets et les nuits menaçantes.
Imprudent, jadis fier de ton nom, de ton or,
Hâte-toi d'enfouir tes titres, ton trésor :
Tout ce qui fut heureux demeure sans excuse;
L'opulence dénonce, et la naissance accuse;
Pour racheter tes jours en vain ton or est prêt;
Le fisc inexorable a dicté ton arrêt.
L'avidité peut vendre une paix passagère;
Mais elle veut sa proie, et la veut tout entière.
Ne parlez plus d'amis, de devoirs, de liens :
Plus d'amis, de parents, ni de concitoyens.
Le fils épouvanté craint l'abord de son père:
Le frère se détourne à l'aspect de son frère;
L'amour même est timide, et, dans cet abandon,
La nature est sans voix sous des lois sans pardon.
Ainsi quand, sur ses pas semant les funérailles,
La mort contagieuse erre dans nos murailles,
Tous les nœuds sont rompus; l'ami dans son ami,
Le frère dans sa sœur, redoute un ennemi;
Et, sur ses gonds muets, triste, inhospitalière,
Refuse de tourner la porte solitaire.

Mais quels maux je compare à des malheurs si grands!
On conjure la peste, et non pas les tyrans.
Aux cœurs lâches du moins les tyrans font justice;
Leur crainte, en le fuyant, rencontre le supplice.

NOTE.

Tous, à leur infortune ajoutant le remord,
Séparés par l'effroi, sont rejoints par la mort;
Et dans un même char, où sa main les rassemble,
Voisins, amis, parents, vont expirer ensemble,
A moins que, de la vie incertain possesseur,
L'opprimé tout-à-coup ne se fasse oppresseur.
Son heure vient plus tard; mais il aura son heure :
Le lâche fait mourir, en attendant qu'il meure.
Ses chefs auront leur tour; leur pouvoir les proscrit :
Sur leurs tables de mort déjà leur nom s'inscrit.
Robespierre, Danton, iront aux rives sombres
De leur aspect horrible épouvanter les ombres;
Et Tinville, après lui traînant tous ses forfaits,
Va dans des flots de sang se débattre à jamais.
Partout la soif du meurtre et la faim du carnage.
Les arts jadis si doux, le sexe, le jeune âge,
Tout prend un cœur d'airain : la farouche beauté
Préfère à notre scène un cirque ensanglanté;
Le jeune enfant sourit aux tourments des victimes;
Les arts aident le meurtre et célèbrent les crimes.
Que dis-je! la nature, ô comble de nos maux!
De tous ses éléments seconde nos bourreaux
Dans leurs cachots impurs l'air infecte la vie;
Le feu dans les hameaux promène l'incendie;
Et la terre complice, en ses avides flancs,
Recèle par milliers les cadavres sanglants.
A peine elle a peuplé ses cavernes profondes,
La mort infatigable a volé sur les ondes.
Ministres saints, du fer ne craignez plus les coups;
Le baptême de sang est achevé pour vous.
Par un art tout nouveau des nacelles perfides
Dérobent sous vos pas leurs planchers homicides;
Et, le jour et la nuit, l'onde porte aux échos
Le bruit fréquent des corps qui tombent dans les flots.

Ailleurs la cruauté, fière d'un double outrage,
Joint l'insulte à la mort, l'ironie à la rage;
Et submerge, en riant de leurs civiques nœuds,
Les deux sexes unis par un hymen affreux.
O Loire, tu les vis ces hymens qu'on abhorre;
Tu les vis, et tes flots en frémissent encore.

Cependant le Trépas s'accuse de lenteur :
Eh bien ! ange de mort, ange exterminateur,
Va, joins les feux aux flots, joins le fer à la foudre :
Maison, ville, habitants, que tout soit mis en poudre;
Qu'enchaînés par milliers, femmes, enfants, vieillards,
Jonchent le sol natal de leurs membres épars.
Là repose tes yeux sur ce vaste carnage :
Que dis-je ! aux premiers coups du foudroyant orage
Quelque coupable encor peut-être est échappé :
Annonce le pardon ; et par l'espoir trompé,
Si quelque malheureux en tremblant se relève,
Que la foudre redouble, et que le fer achève.
François, vous pleurerez un jour ces attentats :
Oui, vous les pleurerez ; mais vous n'y croirez pas.

Ah ! dans ces jours affreux, heureuse l'indigence
A qui l'obscurité garantit l'indulgence !
Eh ! qu'importe au pouvoir qu'auprès de ses troupeaux
Le berger enfle en paix ses rustiques pipeaux ?
Qu'importe le mortel dont la table champêtre
Se couronne le soir des fruits qu'il a fait naître ?
Ah ! contre la rigueur d'un pouvoir abhorré
Pas un asile sûr, pas un antre ignoré !
Pareil à cette énorme et bruyante déesse
Qui voit tout, entend tout, va, vient, revient sans cesse,
De la proscription le génie odieux,
Ayant partout des bras, des oreilles, des yeux,

Des cités aux hameaux parcourt la France entière ;
Comme au palais des grands frappe à l'humble chaumière ;
Le pauvre en vain s'endort sur la foi de ses maux ;
Le pauvre a ses tyrans, le pâtre a ses bourreaux.

Mais pourquoi s'arrêter à ces malheurs vulgaires ?
Assez d'autres ont peint les douleurs populaires.
Moi-même, il m'en souvient, mes vers compatissants
Cherchoient pour eux les sons les plus attendrissants.
Par moi, du laboureur étranger à la gloire
Un simple monument honora la mémoire ;
J'encourageois les sons de l'humble chalumeau,
Et portois aux cités les plaintes du hameau.
Mais pourrois-je des grands oublier la souffrance !
O vous, cœurs révoltés, que leur éclat offense,
Vainement à leurs maux vous refusez des pleurs :
Plus leur bonheur fut grand, plus grands sont leurs malheurs ;
Et moi, qui des bergers ornai jadis la tombe,
Aujourd'hui, des hauteurs d'où la puissance tombe,
Je la suis dans le gouffre, et pleure ses débris.
Que de grands noms éteints, que d'illustres proscrits !
Lamballe a succombé, Lamballe, dont le zèle,
A sa reine, en mourant, est demeuré fidèle ;
Et ces cheveux si beaux, ce front si gracieux,
Dans quel état, ô ciel ! on les montre à ses yeux !
La nature en frémit, et l'amitié tremblante
A des traits si chéris recule d'épouvante.
O Mouchys ! expiez votre amour pour vos rois !
Que l'épouse et l'époux périssent à la fois.
Je ne t'oublirai point, toi dont l'âme sublime
Gardoit un cœur si pur sous le règne du crime,
O guerrier magnanime et chevalier loyal,
Digne héritier d'un sang ami d'un sang royal,
Respectable Brissac ! Ah ! dans ce temps barbare,

NOTE.

Qui n'aime à retrouver une vertu si rare?
Avec moins de plaisir les yeux d'un voyageur
Dans un désert brûlant rencontrent une fleur;
Avec moins de transports, des flancs d'un roc aride
L'œil charmé voit jaillir une source limpide.
Modèle des sujets, et non des courtisans,
Les vertus du vieil âge honoroient tes vieux ans.
A son roi malheureux quel sujet plus fidèle?
Hélas! sous le pouvoir d'une ligue cruelle,
Tout fléchissoit la tête; et même la vertu
Baissoit sous les poignards un regard abattu;
Rien n'altéra ta foi, n'ébranla ton courage;
Mais enfin, à ton tour, victime de leur rage,
Tu passes sans regret, ainsi que sans remord,
Du Louvre dans les fers, et des fers à la mort.
O ville trop coupable! ô malheureux Versailles!
Son sang accusateur souille encor tes murailles.
Un cortége cruel a feint de protéger
D'infortunés captifs qu'il va faire égorger.
Le char est entouré, les sabres étincellent;
Sur les monceaux de morts les mourants s'amoncellent;
Et, de son sang glacé souillant ses cheveux blancs,
La tête d'un héros roule aux pieds des brigands.
O martyr du devoir, du zèle, et de la gloire!
Tant que du nom françois durera la mémoire,
J'en jure par ta mort, tu vivras dans nos cœurs.

Mais combien ton trépas présage de malheurs!
Que je plains de l'état la fortune orageuse!
A peine délaissé par ta main courageuse,
J'entends tomber le trône; et le sang de nos rois,
Hélas! m'offre à pleurer tous les maux à la fois :
Le deuil de la beauté, les pleurs de l'innocence,
Les malheurs des vieux ans, les malheurs de l'enfance

La chute du pouvoir. Parmi ces grands débris,
Louis frappe d'abord mes regards attendris.
O douleur! ô pitié! quelle grande victime,
D'un rang plus élevé, descendit dans l'abîme!
Hélas! le vœu public dictoit ses sages lois,
Gouvernoit ses conseils, présidoit à ses choix,
Les ordres de l'état, convoqués par lui-même,
Sembloient associés à son pouvoir suprême.
O mon maître! ô mon roi! comment a pu ton cœur,
Respirant les bienfaits, inspirer la fureur!

O jour, jour exécrable, où des monstres perfides
Souillèrent son palais de leurs mains homicides!
J'entends encor ces voix, ces lamentables voix,
Ces voix : « Sauvez la reine et le sang de nos rois! »
La reine, à ce signal, inquiète et troublée,
Son enfant dans les bras, s'enfuit échevelée;
Tandis que, de sa porte ensanglantant le seuil,
Sa garde généreuse expire avec orgueil;
Et que, la pique en main, la cohorte infernale,
Plonge le fer trompé dans la couche royale.
Le ciel, le juste ciel, a conservé ses jours.
Ah! puisse-t-il long-temps en protéger le cours!
Enfin la mort s'apaise, et le meurtre s'arrête;
Mais le calme bientôt fait place à la tempête.
Le bruit affreux redouble; et des sujets sans foi
Parlent insolemment de conquérir leur roi.
Ils appellent triomphe un crime détestable.
Ah! comment le tracer, ce départ lamentable!
De leur palais sanglant ces otages sacrés
Descendent à travers leurs gardes massacrés.
Pour suite des brigands! des bourreaux pour cortége!
Ils traversent les flots d'un peuple sacrilége,
Hérissé de mousquets, de lances et de dards;

NOTE.

Des lambeaux teints de sang forment leurs étendards.
Tout dégouttants de meurtre, et d'ivresse, et de fange,
Ils marchent; au milieu de l'horrible phalange,
Vient à pas lents ce char où brillent à la fois
Le sang des empereurs et celui de nos rois,
Tout ce que le malheur offre de plus auguste,
Des mères la plus tendre, et des rois le plus juste,
Deux enfants malheureux. O fille des Césars!
Quand, de ses fiers Hongrois cherchant les étendards,
Ta mère vint s'offrir à leur troupe enflammée,
Son enfant dans ses bras lui conquit une armée :
Et, pâle, l'œil en pleurs, tendant ses foibles mains,
Le tien ne peut fléchir ces monstres inhumains!
Les uns autour de vous hurlent leurs chants atroces;
D'autres sur votre char portent leurs mains féroces;
Au bout d'un fer sanglant, d'autres lèvent aux cieux
De leurs affreux exploits le trophée odieux;
Ces fronts défigurés, ces têtes pâlissantes,
Des flots d'un sang fidèle encor toutes fumantes.
Que de cris forcenés! que d'imprécations!
Vous marchez au milieu des malédictions.
Du crime soudoyé l'ignorance barbare
Prête sa voix servile au crime qui l'égare;
Et, du peuple à son prince imputant le malheur,
Des maux qu'eux seuls ont faits accable sa douleur.
Ah! si par les tourmens sa marche est mesurée,
Quels siècles en pourroient égaler la durée?
Abrége, Dieu des rois, ces affreux attentats;
Avance, char fatal; coursiers, hâtez vos pas.
Non : la rage, à plaisir, éternise leur route,
Et la coupe des maux s'épanche goutte à goutte.
Cependant on approche, on découvre ces lieux
Où l'airain reproduit son aïeul à ses yeux.
Il les voit; et leur vue, ô douleur lamentable!

NOTE.

Lui rappelle ce jour, ce jour épouvantable,
Où, dans ce même lieu, l'hymen pâle et tremblant
S'enfuit, enveloppé de son voile sanglant;
Et, changeant ses flambeaux en torche sépulcrale,
Vit se couvrir de morts cette enceinte fatale.
Ah! malheureux époux, et plus malheureux roi,
Puisse être, un jour, ce lieu moins funeste pour toi!
Puissions-nous n'y pas voir de plus horribles fêtes!
Enfin, parmi les cris, les dards chargés de têtes,
Entraînant les débris du trône ensanglanté,
Le char fatal arrive au Louvre épouvanté.
Le peuple tient sa proie, et les chefs leur victime!

Ah! peut-être ses maux désarmeront le crime.
Non : de son infortune on aggrave le poids,
Et Louis est captif dans le palais des rois.
O catastrophe horrible! ô douloureux voyage!
Bien différent de ceux, où, bordant son passage,
Son peuple, pour ses jours, levoit au ciel les mains,
Et de fleurs, sous ses pas, parfumoit les chemins.
Le vieillard consolé bénissoit la lumière;
L'enfant lui sourioit du seuil de la chaumière;
Tous les yeux le cherchoient avec avidité :
Et, quand fuyoit loin d'eux son char précipité,
De ce peuple, ennemi d'un maître qui l'adore,
L'amour, les vœux, les cris le poursuivoient encore.

Que les temps sont changés! O vous, sensibles cœurs,
Dites s'il est des maux pareils à ses malheurs,
Du pouvoir avili misérable fantôme,
Monarque sans sujets, souverain sans royaume,
Tel qu'un vaisseau, battu des flots capricieux,
Est tantôt dans l'abîme, et tantôt dans les cieux,
Il passe tour à tour, jouet d'un long orage,

Des honneurs aux affronts, de l'insulte à l'hommage.
Dans sa rage hypocrite un sénat oppresseur
Mêle à ses cruautés une fausse douceur :
Tel le tigre, en jouant, dans sa barbare joie,
Mord, lâche, ressaisit, et dévore sa proie.
Plus de paix à son cœur, de trêve à son tourment.
Dans le jardin des rois s'il respire un moment,
Il marche environné de surveillants barbares ;
De l'air commun à tous ses tyrans sont avares ;
La haine curieuse assiége son réveil,
Ses pas, ses entretiens, et jusqu'à son sommeil ;
Et, le dernier des rois, le premier des esclaves,
Quand par lui tout est libre, il est chargé d'entraves!
Heureux, lorsqu'en secret, libre dans ses douleurs,
Aux pleurs de son épouse il peut mêler ses pleurs.

Eh bien ! vous, qu'offensoit sa puissance suprême,
Des honneurs outrageants de son vain diadème,
Venez ! que tardez-vous de dépouiller son front ?
Terminez, il est temps, cet éclatant affront.
Tout est prêt : ce n'est plus ce peuple mercenaire,
Par des cris insolents méritant son salaire :
Le Louvre est investi, la bassesse et l'effroi
Aux brigands de Marseille abandonnent mon roi.
Je vois couler le sang, j'entends gronder la foudre ;
La France est sans monarque, et le trône est en poudre.
O toi, qu'ont fait gémir ces illustres malheurs,
Tendre Pitié, retiens, retiens encor tes pleurs :
Pour des revers plus grands je réserve tes larmes :
Les lois vont consacrer les attentats des armes.
Hélas ! toujours trompé, mais espérant toujours,
Louis à ses tyrans vient confier ses jours.
On l'insulte, on l'outrage ; et des décrets funestes
De son titre royal ont déchiré les restes.

NOTE.

Puisse ne point éclore un plus terrible arrêt!
Que dis-je! l'arrêt part, et le cachot est prêt.
O vous, vous, murs cruels, demeures désastreuses!
Je tremble à m'enfoncer sous vos voûtes affreuses.
Non, les revers fameux de tant de potentats,
De l'horrible Whitehall les sanglants attentats,
Ne peuvent s'égaler à cette tour fatale.
Ce n'est plus ce palais, cette prison royale,
Où de la majesté quelques tristes lambeaux
Déguisoient l'infortune, et décoroient ses maux.
Son malheur, en ces lieux, tout entier se consomme :
Destructeur du monarque, il persécute l'homme.
Noirs esprits des enfers, quel conseil ténébreux
Inventa, dites-moi, ces traitements affreux?
Chaque heure a son tourment, chaque instant son outrage;
La ruse aide la force, et l'art guide la rage.
O noms sacrés de père, et d'époux et de fils,
Noms aujourd'hui cruels, noms autrefois chéris!
Vous étiez leurs plaisirs, vous êtes leur torture.
La haine arme contre eux jusques à la nature.
Malheureux, hâtez-vous de saisir ces moments;
Précipitez du cœur les doux épanchements;
Redoublez vos transports, redoublez vos tendresses.
Quels maux ne s'oublîroient dans vos saintes carresses?

Mais c'en est fait : ô cœurs nés pour vous adorer,
Votre malheur commence, il faut vous séparer.
Vos tyrans l'ont voulu; leur sombre inquiétude
A l'emprisonnement unit la solitude.
Hélas! au milieu d'eux vos regards consolés
Distinguoient quelquefois des serviteurs zélés;
Et du moins d'un soupir, triste et muet langage,
A leur roi, dans les fers, ils envoyoient l'hommage.
Vous ne les verrez plus : sur Louis et sur vous

Déjà j'entends crier d'inflexibles verrous.
Non : vous ne pourrez plus, trompant la vigilance,
Deviner vos soupirs, vos pleurs, votre silence,
Vous comprendre du geste, et vous parler des yeux.
Sans espoir de se voir, captifs aux mêmes lieux,
Le fils est en exil à côté de son père;
L'époux près de l'épouse, et la sœur près du frère,
Lui seul pleure pour tous. Que dis-je ! ô coup du sort!
Son retour dans leurs bras leur annonce sa mort.
Pour le perdre à jamais les tyrans le leur rendent;
Les échafauds sont prêts, et les bourreaux l'attendent.
O qui peut concevoir ces scènes de douleurs,
Ce mélange de cris, de sanglots et de pleurs,
Ces funestes adieux, pleins d'horreur et de charmes?
Chaque mot commencé vient mourir dans les larmes;
Et, par de longs soupirs, cherchant à s'exhaler,
Les cœurs veulent tout dire, et ne peuvent parler.
Ah! moi-même je sens défaillir mon courage.

D'autres du jour fatal retraceront l'image :
Dans ce vaste Paris, le calme du cercueil,
Les citoyens, cachés dans leurs maisons en deuil,
Croyant sur eux du ciel voir tomber la vengeance;
Le char affreux roulant dans un profond silence;
Ce char qui, plus terrible, entendu de moins près,
Du crime, en s'éloignant, avance les apprêts;
L'échafaud régicide et la hache fumante;
Cette tête sacrée et de sang dégouttante,
Dans les mains du bourreau de son crime effrayé.
Ces tableaux font horreur ; et je peins la Pitié!
La Pitié pour Louis! il n'est plus fait pour elle.
O vous, qui l'observiez de la voûte éternelle,
Anges, applaudissez; il prend vers vous l'essor.
Commencez vos concerts, prenez vos lyres d'or.

NOTE.

Déjà son nom s'inscrit aux célestes annales ;
Préparez, préparez vos palmes triomphales :
De sa lutte sanglante il sort victorieux,
Et l'échafaud n'étoit qu'un degré vers les cieux.

Mais d'où vient tout-à-coup que mon cœur se resserre ?
Hélas ! il faut des cieux revenir sur la terre !
Louis en vain assiste aux célestes concerts ;
Les cieux sont imparfaits, son épouse est aux fers.
O mélange touchant de malheurs et de charmes !
Ton nom seul a rouvert la source de mes larmes.
O vous, qui des hauts rangs déplorez les malheurs,
Ah! combien de vos yeux doivent couler de pleurs,
Lorsque des grands revers l'image douloureuse
Joint au pouvoir détruit la beauté malheureuse !
Qui peut voir sans pitié se flétrir ses attraits,
Et les traits du malheur s'imprimer sur ses traits ?
François, qui l'avez vue et jeune, et belle, et reine,
Répondez : est-ce là l'auguste souveraine
Qui donnoit tant d'éclat au trône des Bourbons,
Tant de charme au pouvoir, tant de grâce à ses dons ?
Hélas ! tant qu'elle a pu, dans sa tour solitaire,
D'un auguste captif partager la misère,
Tout deux s'aidoient l'un l'autre à porter leurs douleurs ;
N'ayant plus d'autres biens, ils se donnoient des pleurs.
Une fois arrachée à cet époux fidèle,
Elle vivoit sans lui, mais il vivoit près d'elle.
Ah! combien ses malheurs se sont appesantis !
Elle n'a plus d'époux, et tremble pour son fils.
Ah ! d'une seule mort si leur rage contente,
Respectoit dans ses bras cette tête innocente ;
Si, du soin d'élever cette royale fleur,
Elle pouvoit charmer son auguste douleur !
Mais lui-même on l'arrache à sa main maternelle ;

Leur prison séparée en devient plus cruelle.
Ses pensers désormais vont se partager tous
Entre les fers d'un fils et l'ombre d'un époux.
Ah, cruels! désarmez vos rigueurs inhumaines :
Hélas! elle eut un sceptre, et vous voyez ses chaînes!
Vains discours; chaque instant voit aggraver son sort.
Prisonnière à côté du tribunal de mort,
On l'immole long-temps, et le coup qui s'apprête
Reste éternellement suspendu sur sa tête.
A cette attente horrible on joint tous les tourments,
Tout ce qui flétrit l'âme, et révolte les sens:
Sans cesse elle respire une vapeur immonde;
Le froid glace ces mains qu'idolâtroit le monde;
Un vil grabat succède à des lits somptueux;
A sa faim, qu'éveilloient des mets voluptueux,
On épargne une vile et sale nourriture,
Et la pourpre des rois a fait place à la bure.
Elle-même, que dis-je? incroyable destin!
S'impose un vil travail, et, l'aiguille à la main,
Oubliant et Versailles et les pompes du Louvre,
Répare les lambeaux de l'habit qui la couvre.
Ses besoins sont toujours le signal des refus,
Et son malheur s'accroît d'un bonheur qui n'est plus.
Quoi! les trônes des rois sont-ils donc tous en poudre?
Et l'aigle des Césars a-t-il perdu la foudre?
Hélas! partout l'oubli, l'impuissance ou l'effroi.
Ah! dans cet abandon, tendre Pitié, dis-moi,
N'est-il pas une issue, une route secrète,
Qui conduise mes pas vers sa sombre retraite?
Que je puisse, à genoux, adorant ses malheurs,
Au prix de tout mon sang sécher un de ses pleurs?
Mais il n'en est plus temps : l'affreux conseil s'assemble;
On vient, le verrou crie, on l'entraîne, je tremble.
C'en est fait : le voici, voici l'instant fatal.

Eh bien ! je vais la suivre au sanglant tribunal:
Moi-même, à haute voix, je dénonce ses crimes.
Vous qui fîtes tomber les plus grandes victimes,
Juges de votre reine, écoutez, ses forfaits :
Sa facile bonté prodigua les bienfaits ;
Son cœur de son époux partagea l'indulgence ;
Ce cœur, fait pour aimer, ignora la vengeance.
« J'ai tout vu, j'ai su tout, et j'ai tout oublié. »
Ce mot, inconcevable aux âmes sans pitié,
Ce mot, dont la noblesse encouragea le crime,
Il fut de son grand cœur l'expression sublime.
Elle fit des heureux, elle fit des ingrats.
Tigres, oserez-vous ordonner son trépas ?
Ah ! leurs horribles fronts l'ont prononcé d'avance.
Mais je n'attendrai point l'effroyable sentence :
Non : je n'attendrai point qu'une exécrable loi
Envoie à l'échafaud l'épouse de mon roi.
Non, je ne verrai point le tombereau du crime,
Ces licteurs, ce vil peuple, outrageant leur victime,
Tant de rois, d'empereurs, dans elle humiliés,
Ses beaux bras, ô douleur ! indignement liés !
Le ciseau dépouillant cette tête charmante,
La hache !... Ah ! tout mon sang se glace d'épouvante !
Non, je vais aux déserts enfermer mes douleurs ;
Là je voue à son ombre un long tribut de pleurs ;
Là, de mon désespoir douce consolatrice,
Ma lyre chantera ma noble bienfaitrice ;
Et les monts, les vallons, les rochers, et les bois,
En lugubres échos répondront à ma voix.

Et toi qui, parmi nous, prolongeant ta misère,
Ne vivois ici-bas que pour pleurer un frère,
D'un frère vertueux, ô digne et tendre sœur !
Reçois de la pitié son tribut de douleur.

NOTE.

Ah! si dans ses revers la beauté gémissante
Porte au fond de nos cœurs sa plainte attendrissante,
Combien de la vertu les droits sont plus puissants!
Sa bonté la rend chère aux cœurs compatissants;
Pour son propre intérêt l'homme insensible l'aime :
Et pleurer sur ses maux, c'est pleurer sur soi-même.
Aussi des attentats de ce siècle effréné
Ton trépas, ombre illustre, est le moins pardonné.
O Dieu! et quel prétexte à ce forfait infâme?
Ton nom étoit sans tache aussi bien que ton âme;
Ton cœur, dans ce haut rang, formant d'humbles désirs,
Eut les malheurs du trône, et n'eut pas ses plaisirs.
Seule, aux pieds de ton Dieu, gémissant sur un frère,
Sur un malheureux fils, un plus malheureux père,
Tu suppliois pour eux le maître des humains;
Ce ciel, où tu levois tes innocentes mains,
Étoit moins pur que toi. Dieu! quels monstres barbares
Purent donc attenter à des vertus si rares?
Ah! le ciel t'envioit à ce séjour d'effroi.
Va donc; va retrouver et ton frère et ton roi;
Porte-lui cette fleur, gage de l'innocence,
Emblème de tes mœurs, comme de ta naissance;
Mêle sur ce beau front, où siége la candeur,
Les roses du martyre au lis de la pudeur.
Trop long-temps tu daignas, dans ce séjour funeste,
Laisser des traits mortels à ton âme céleste.
Pars, nos cœurs te suivront; pars, emporte les vœux
Des peuples et des rois, de la terre et des cieux.

Non moins dignes de pleurs, quand le sort les offense,
La débile vieillesse et la fragile enfance :
Un enfant, un vieillard! Qui peut les voir souffrir?
L'un ne fait que de naître, et l'autre va mourir.
Je pleure avec Priam, quand sa bouche tremblante

Du meurtrier d'Hector presse la main sanglante :
Lorsque autour des tombeaux de ses cinquante fils,
D'Hécube en cheveux blancs les lamentables cris
Redemandent Pâris, Polyxène, Cassandre,
Je partage son deuil, et pleure sur leur cendre :
Tant cet âge si foible est puissant sur nos cœurs !
Mais pourquoi des vieux temps rappeler les douleurs ?
Ah ! dans ce siècle impie, et si fécond en crimes,
Manquons-nous de malheurs ? manquons-nous de victimes ?

Ce sont-là, en effet, des vers admirables ; il y a de la pitié, il y a de la terreur, il y a toutes sortes d'émotions tendres et terribles. Mais est-ce bien là, en effet, de la poésie ? C'est une question que tous les hommes de bonne foi s'adressent depuis la mort de l'abbé Delille.

Or, quel est l'homme, en ce monde, qui oseroit adresser sérieusement la même question à propos de la poésie de M. de Chateaubriand ?

TABLE.

POÉSIES DIVERSES.

Préface............................ Page 3

TABLEAUX DE LA NATURE.

Ier Tableau.	Invocation........................	15
IIe ——	La Forêt........................	17
IIIe ——	Le Soir au bord de la Mer..........	19
IVe ——	Le Soir dans une Vallée............	21
V^e ——	Nuit de Printemps..................	25
VIe ——	Nuit d'Automne....................	27
VIIe ——	Le Printemps, l'Été et l'Hiver......	31
VIIIe ——	La Mer...........................	35
IXe ——	L'Amour de la Campagne............	37
X^e ——	Les Adieux.......................	41

Les Tombeaux champêtres. Élégie 43
A Lydie. Imitation d'Alcée..................... 49
Milton et Davenant............................ 53
Clarisse. Imitation d'un poète écossois............. 61
L'Esclave.................................... 65
Souvenir du pays de France. Romance............. 69
Ballade de l'Abencerage....................... 73

TABLE.

Le Cid. Romance........................... Page 77
Nous verrons.................................... 79
Peinture de Dieu............................... 83
Pour le Mariage de mon Neveu.................. 85
Pour la fête de Madame de ***................. 87
Vers trouvés sur le pont du Rhône.............. 89
Les Malheurs de la Révolution. Ode............ 91
Vers écrits sur un Souvenir donné par madame la marquise de Grollier à M. le baron de Humboldt.... 99
Charlottembourg, ou le Tombeau de la Reine de Prusse. 101
Les Alpes, ou l'Italie.......................... 105
Le Départ...................................... 109

MOÏSE.

Préface... 113
   Acte Premier................................ 127
   Acte Second................................. 149
   Acte Troisième.............................. 175
   Acte Quatrième.............................. 201
   Acte Cinquième.............................. 229

Sur les Poésies de M. de Chateaubriand.......... 247
   Note.. 309

FIN DE LA TABLE.

www.ingramcontent.com/pod-product-compliance
Lightning Source LLC
Chambersburg PA
CBHW060656170426
43199CB00012B/1815